LANGENSCHEIDTS
KURZGRAMMATIK
DEUTSCH

VON

DR. HEINZ F. WENDT

LANGENSCHEIDT

BERLIN · MÜNCHEN

Abkürzungsverzeichnis

a.	auch	*od.*	oder
A, Akk.	Akkusativ	*Pers.*	Person
D, Dat.	Dativ	*pl., Plur.*	Plural
f	Femininum, weiblich	*Präp.*	Präposition
G, Gen.	Genitiv	*s.*	siehe
Konj.	Konjunktiv	*S.*	Seite
m	Maskulinum, männlich	*Sing.*	Singular
n	Neutrum, sächlich	*vgl.*	vergleiche
N, Nom.	Nominativ		

' *bedeutet, daß die folgende Silbe betont wird, z. B. Pa'ket.*

Auflage: 9. 8. 7 | *Letzte Zahlen*
Jahr: 1985 84 | *maßgeblich*

© 1976 by Langenscheidt KG, Berlin und München
Druck: Druckhaus Langenscheidt, Berlin-Schöneberg
Printed in Germany · ISBN 3-468-35110-0

Inhaltsverzeichnis

Grammatisches Geschlecht (Genus)

Artikel, Substantiv und Pronomen werden im Deutschen einer von drei Klassen zugeordnet. Die Klasse wird im allgemeinen als **Geschlecht (Genus)** bezeichnet.

Es gibt drei Geschlechter, die beim bestimmten Artikel durch den Ausgang (Artikelzeichen) zu erkennen sind.

Singular (Einzahl)

	Artikel	Substantiv	Pronomen	Artikelzeichen
Maskulinum (*männlich*) (*m*)	der der	Mann Garten	er, dieser er, dieser	r
Femininum (*weiblich*) (*f*)	die die	Frau Wand	sie, diese sie, diese	e
Neutrum (*sächlich*) (*n*)	das das	Kind Haus	es, dieses es, dieses	s

Im Plural fallen diese **Genusmerkmale** (,,*Klassenunterschiede*") weg.

Der Plural kennt kein grammatisches Geschlecht.

Artikel	Substantiv	Pronomen	Artikelzeichen
die	Männer	sie, diese	e
die	Gärten	sie, diese	e
die	Frauen	sie, diese	e
die	Wände	sie, diese	e
die	Kinder	sie, diese	e
die	Häuser	sie, diese	e

Das Artikelzeichen Singular feminin ist gleich dem
Artikelzeichen des Plurals.

5

Artikel (Geschlechtswort)

Vor einem Substantiv oder einem substantivierten Wort steht meist

der bestimmte Artikel oder der unbestimmte Artikel.

Dem unbestimmten Artikel im Singular entspricht kein Artikel im Plural.

Singular		Plural	
bestimmter Artikel	unbestimmter Artikel	bestimmter Artikel	kein Artikel
der Mann	ein Mann	die Männer	Männer
die Frau	eine Frau	die Frauen	Frauen
das Kind	ein Kind	die Kinder	Kinder

Gebrauch des Artikels

Ein Substantiv kann mit dem bestimmten Artikel, dem unbestimmten Artikel und ohne Artikel stehen.

Für den Gebrauch der Artikel und ihre Weglassung können nur einige Anhaltspunkte gegeben werden; hier entscheiden oft Stilistik und Konvention.

1. Der bestimmte Artikel bezeichnet eine schon irgendwie bekannte Erscheinung oder ein schon bekanntes Einzelding:

Die Erde dreht sich um **die** Sonne.

Hast du schon **die** Zeitung gelesen? (*d. h. die Zeitung von heute usw.*)

Er steht bei einem durch ein Genitivattribut bestimmten Substantiv:

Die Zimmer **des Hauses** sind geräumig.

Er vertritt eine ganze Gattung:

Das Tier ist ein Lebewesen.

2. Der unbestimmte Artikel bezeichnet eine Erscheinung oder ein Einzelding die man nicht erwähnt hat und die nicht näher bestimmt sind:

Ein Lied geht um die Welt.

Ich habe mir **ein** Fahrrad gekauft.

vgl. dagegen: Das Lied (das *wir kennen, von dem wir gesprochen haben*).
Das Fahrrad (das *wir gesehen, ausgewählt haben*).

Er steht nach dem Satzband **sein** (*doch beachte Punkt 3*):

       Er **ist ein** intelligenter Mensch (**ein** Dummkopf).

       Das Fahrrad (*Gattung!*) **ist eine** nützliche Erfindung.

Verneint wird **ein** durch **kein**:

       Er ist **kein** Dummkopf.

3. Der Artikel fehlt *bei Personennamen ohne Attribut:*

       Karl, Egon, Uwe, Joseph; Lessing, Goethe, Hesse, Mann;

       aber: der *junge* Thomas, **der** *alte* Goethe.

bei Stoffnamen und Abstrakten: Gold, Eisen, Holz, Wein;

                                  Freundlichkeit, Liebe, Güte, Haß, Geduld.

dagegen beim Genitiv: der Wert **des Goldes**; der Lohn **der Freundlichkeit.**

oft in verbalen Wendungen: Freude empfinden, Brot essen, Unsinn reden,

                                 Zeitung lesen (vgl. oben die Zeitung...).

in Doppelungen: über Stock und Stein, Feuer und Flamme sein, mit Leib

              und Seele.

in Sprichwörtern: Eile mit Weile. Übung macht den Meister.

              Müßigkeit ist aller Laster Anfang.

bei Ortsbezeichnungen ohne Attribut: Berlin, München, Hamburg;

                                  Deutschland, Frankreich, Dänemark.

aber: das *wasserreiche* **Berlin**; das *schöne* **Italien.**

Merke: **die** Vereinigten Staaten von Amerika, **die** Sowjetunion,

       die Schweiz, **die** Türkei, **die** Mongolei,

       der Libanon, **der** Irak, **der** Iran.

bei Berufs-, Religions- und Nationalitätsbezeichnungen:

       Er ist Handwerker, Industriekaufmann.

       Er ist Katholik, Buddhist.

       Er ist Deutscher, Amerikaner, Franzose.

Genusregeln (Regeln für das Geschlecht der Hauptwörter)

Auf Grund des Auslautes und der Endung lassen sich Anhaltspunkte für das Genus geben, die besonders für den Nichtdeutschen von Nutzen sind. Dadurch werden über 90 % der deutschen Substantive erfaßt.

1. Alle substantivierten Wörter sind neutral:

das Essen, das Gute, das Heute, das Schreiben, das Wenn und das Aber, das Ich.

Im folgenden steht in der linken Spalte der Auslaut oder die Endung, die für das angegebene Genus typisch sind; d. h. also die Mehrheit hat diesen Auslaut oder diese Endung.

In der rechten Spalte stehen einige wichtige Ausnahmen von diesem Typus; es ist also die Minderheit.

2. Maskulinum (*der*)

Wichtige Ausnahmen:

-m: Atem, Arm, Darm, Damm, Kamm, Schlamm, Schwamm, Gram, Kram, Baum, Raum, Saum, Schaum, Halm, Helm, Film, Leim, Reim, Dom, Strom, Ruhm, Sturm, Wurm.

die Form, Norm, Scham.
das Gramm, Lamm, Programm, Heim.
Wörter aus dem Lateinischen auf **-um:** das Universum.
Wörter aus dem Griechischen auf **-em:** das System.

-el: Nagel, Giebel, Hebel, Hobel, Rüssel *usw.*

die Achsel, Bibel, Fabel, Vokabel, Nadel, Tafel, Angel, Kugel, Regel.

das Bündel, Segel, Übel, Rätsel, Mittel, Drittel, Viertel, Fünftel *usw.*

-en: Faden, Wagen, Ofen, Streifen, Tropfen *usw.*

das Becken, Kissen, Laken, Leben, Wesen, Zeichen.

-er: (*alle, die einen Täter bezeichnen*) Bäcker, Handwerker, Lehrer, Schuster *usw.*

ferner: Hammer, Kummer, Acker, Finger *usw.*

die Ader, Dauer, Mauer, Trauer, Leber, Feder, Faser, Feier, Folter, Nummer, Oper, Ziffer.

das Alter, Fenster, Fieber, Kloster, Lager, Messer, Wunder, Zimmer.

-ig, -ich, -ling: Essig, Honig, Käfig, König. Bottich, Enterich, Fähnrich, Kranich, Pfirsich, Rettich, Teppich. Lehrling, Säugling, Sonderling.

die Reling

Substantive aus schwachen und starken Verben:

Tanz, Schmutz Plan, Preis	Befehl, Beginn, Biß, Band, Bund, Bruch, Drang, Schreck, Schritt, Tritt.	das Ding das Band (*Stoffstreifen usw.*)

auch mit Vorsilben: Verband, Verstand, Vertrag *usw.*

Wörter aus dem Lateinischen:

-us: Sozialismus *usw.*

-ant, -ent: Garant, Repräsentant, Kontinent, das Talent
Präsident, Student *usw.*

-ist, -oph Polizist, Philosoph.

3. Femininum (*die*)

-e: Erde, Etage, Grube, Hilfe, Komödie, der Affe, Bote, Friede,
Partie [i:], Sonne, Sprache. Hase, Junge, Käse,
Knabe, Löwe, Ochse,
Rabe, Däne, Franzose
usw.
der Klee, Schnee.
das Auge, Ende, Genie [i:].
Viele Wörter mit **Ge-**:
das Gebirge, Gemälde,
Geweine (das Weinen)
usw.

-in: Freundin, Lehrerin *usw.*

-t: Acht, Macht, Nacht, Wacht, Brust, der Bericht, Dienst,
Bucht, Furcht, Frucht, Fahrt, Welt *usw.* Draht, Durst, Monat,
Ort, Rat, Schacht,
Bay Staat, Verlust.
das Amt, Bett, Blatt, Boot,
Haupt, Wort.

-ei: Konditorei, Lauferei

-(ig)keit: Billigkeit

-schaft, -ung: Gesellschaft, Heizung

Wörter aus dem Lateinischen:

-ät, -anz, -enz: Universität, Kulanz, Differenz

-ion, -ur: Nation, Kultur

Wörter aus dem Griechischen:

-ik: Politik, Technik

4. Neutrum (*das*)

-chen: Hühnchen, Mädchen

-lein: Fräulein, Vöglein

-nis: prison event obstacle
Gefängnis, Ereignis, Hindernis *usw.*

Wichtige Ausnahmen:
permission darkness
die Erlaubnis, Finsternis,
Kenntnis

-sal:	Scheusal, Schicksal	die Drangsal, Trübsal
-tum:	Altertum, Eigentum, Königtum	der Irrtum, Reichtum
Ge-:	Gefühl, Getränk, Gehör, Geweine (= das Weinen)	der Gebrauch, Gedanke, Geruch, Geschmack, Gewinn
		die Geburt, Geschichte, Gestalt
-ment:	Parlament, Regiment	
-um:	Museum, Quantum	
-et, -ett:	Paket, Lazarett	

(*aus dem Griech.*)

-ma:	Klima, Thema
-em:	Problem, System

Die meisten aus dem Französischen entlehnten Wörter sind neutral:

das	Dragee, Gelee, Hotel, Hospital, Klischee,	der Teint, Waggon
		die Bouillon, Saison
	Kupee, Modell,	der Kaffee, Tee
	Restaurant	die Allee, Armee, Idee

der Elan

Pluralbildung (Mehrzahlbildung)

Bei der Pluralbildung der deutschen Substantive kann man vier Gruppen unterscheiden:

a) der Plural ist gleich dem Singular; in diesem Fall gibt nur der Artikel den Plural an: *Pluralzeichen*

(der) Lehrer	(die) Lehrer	} 0
(das) Fenster	(die) Fenster	

b) der Plural wird durch einen **Umlaut** angezeigt (Vokalveränderung des Stammes):

Vater	Väter	⸗

c) der Plural wird durch Anfügen einer Endung gebildet:

(der) Tag	Tage	-e
(der) Student	Studenten	} -en
(die) Frau	Frauen	
(die) Maschine	Maschinen	-n
(das) Feld	Felder	-er
(das) Auto	Autos	} -s
(der) Vati	Vatis	

1) der Plural wird durch Anfügen einer Endung und durch Umlaut gebildet:

(der) Fluß	Flüsse	¨ e
(das) Buch	Bücher	¨ er

Pluralzeichen | 0   ¨   -e, -en, -n, -er, -s   ¨ e,   ¨ er |

Einige Anhaltspunkte zur Bildung des Plurals:

1. Maskulina (der...)

a) keine Pluralendung haben Substantive auf **-er, -el, -en:** Lehrer, Hebel, Wagen

   oft jedoch Umlaut: Apfel – Äpfel, Bruder – Brüder, Faden – Fäden

b) -e haben die meisten einsilbigen:

               Berg-e, Bisse (Biß), Schritte, Tage

oft mit Umlaut: Bände (Bücher), Brüche, Dämme, Därme (Darm), Räume

> **Merke:**
> Geister, Götter, Irrtümer, Männer, Örter, Ränder, Reichtümer, Wälder, Würmer

Substantive auf   **-ig, -ich, -ling:**
               Käfige, Bottiche, Lehrlinge

Viele mehrsilbige Substantive aus Verben:
               Aufstände, Beträge, Befehle, Verbände, Verkäufe, Verträge, Unterschiede usw.

auf -al, -är, -ar, -at, -ekt, -ell, -eur, -ier, -iv, -or:
               Generale (a. Generäle), Aktionäre, Notare, Apparate, Affekte, Pedelle, Ingenieure, Kavaliere, Dative, Ma'jore

c) -n haben Substantive auf **-e:**
               Astrologen, Boten, Dänen, Franzosen, Jungen, Polen, Russen, Schweden, Zeugen usw.

d) -en haben Substantive auf **-and, -ant, -at, -ent, -et, -ist, -it, '-or:**
               Konfirmand – Konfirmanden, Garant, Student, Athlet, Polizist, Metropolit, 'Doktor – Dok'toren
               Mit Ausnahme von **-or** *sind alle Suffixe* -and *usw. betont.*

11

einige einsilbige: Bär, Christ, Fürst, Held, Mensch, Mohr, Tor *(= Dummkopf)* u. a.

Substantive auf **-us**: Globus – Globen (a. Globusse), Rhythmus – Rhythmen

2. Feminina (die…)

a) Allgemeine Pluralendung ist **-en**; Substantive auf **-e, -el, -er** nehmen nur **-n** an: Frauen, Nationen, Inseln, Lebern;
auf **-in** haben die Endung **-nen**: Freundin – Freundinnen

b) **-e** haben Substantive auf **-nis, -sal**:

                      Erkenntnis – Erkenntnisse, Mühsal – Mühsale

   -e mit Umlaut: Ängste, Bänke, Fäuste, Früchte, Gänse, Hände, Kräfte, Kühe, Künste, Lüfte, Lüste, Mächte, Mäuse, Nächte, Nöte, Nüsse, Schnüre, Städte, Wände, Würste, Zünfte, Zusammenkünfte u. a.

c) Nur Umlaut haben: Mutter – Mütter, Tochter – Töchter

3. Neutrum (das…)

a) **Keine Pluralendung** haben Substantive auf: **-el, -en, -er, -chen, -lein,** z. B. Segel, Wappen, Fenster, Kindchen, Fräulein

b) **-er mit Umlaut** haben u. a. folgende Substantive:

                      Amt – Ämter, Bad, Buch, Dach, Dorf, Fürstentümer, Haus, Hospital, Huhn, Land, Loch, Schloß – Schlösser, Volk, Wort *(im Sinne von Einzelwort;* sonst die Worte Goethes *usw.)*

   ohne Umlaut: Bild, Brett, Ei, Feld, Geld, Glied, Kind, Kleid, Lied, Lid, Nest, Rind, Weib u. a.

c) **-e ohne Umlaut** haben folgende einsilbige Substantive:

                      Beil, Bein, Boot, Fest, Gas, Haar, Heft, Jahr, Kinn, Knie, Kreuz, Maß – Maße, Meer, Paar, Pfund, Reich, Roß – Rosse, Schiff, Spiel, Stück, Tor *(große Tür)*.

viele Wörter auf **-al, -all, -ar, -at, -ell, -em** [-'eːm]**, -et** [-'eːt]**, -ett, -ment, -nis:**

                      Pedal, Metall, Exemplar, Format, Naturell, Probleme, Paket, Billett, Element, Erfordernis – Erfordernisse

d) **-en (-n):** Man merke sich besonders folgende Wörter:

Auge, Bett, Ende, Hemd, Herz, Interesse, Insekt, Ju'wel, Leid, Ohr, Statut – Augen, Betten *usw.*

Substantive auf

-um, -ma, -o:		
Studium	Drama	Konto
Studien	Dramen	Konten

12

Pluralendung -s

Sie tritt an Eigennamen: Schulzes, Müllers; *Vornamen auf Vokale:* die Ottos, Bertas.

– an die Verkleinerungssilben -i und -ke: die Vatis, die Steppkes.

– an Abkürzungen: die vielen PKW's oder PKW.

– an einige hochdeutsche Wörter: die Uhus.

– an viele Wörter aus dem Niederdeutschen, Englischen und Französischen: die Wracks, Ponys, Büros, Hotels, Salons, Bankiers, Autos.

Deklination der Substantive (Beugung der Hauptwörter)

Die Beziehungen der Wörter im Satz werden u. a. durch die Endungen der Substantive und die Artikelzeichen geregelt. An Stelle des Artikels kann auch ein anderes Wort (Demonstrativpronomen, Adjektiv usw.) als Träger des Artikelzeichens auftreten.

Nach den Endungen werden **vier Kasus (Fälle)** unterschieden:

	Singular		Plural	
	Artikel-zeichen	Substantiv-kasusendung	Artikel-zeichen	Substantiv-kasusendung
Nominativ N *m*	-r	0	-e	0
(*1. Fall, Werfall*) *f*	-e	0	-e	0
n	-s	0	-e	0
Genitiv G *m*	-s	-(e)s, -(e)n	-r	0
(*2. Fall, Wesfall*) *f*	-r	0	-r	0
n	-s	-(e)s	-r	0
Dativ D *m*	-m	-(e), -(e)n	-n	-(e)n, 0
(*3. Fall, Wemfall*) *f*	-r	0	-n	-(e)n, 0
n	-m	-(e), 0	-n	-(e)n, 0
Akkusativ A *m*	-n	0, -(e)n	-e	0
(*4. Fall, Wenfall*) *f*	-e	0, -(e)n	-e	0
n	-s	0	-e	0

Man unterscheide die Kasusendung von der Pluralendung:

Kasusendung: des Tages, des Mannes

Pluralendung: die Tage, die Männer

Pluralendung + Kasusendung: den Männ-**er-n**

Beispiele:

	Maskulina					**Neutra**			
N	der, ein	Lehrer	Tag	Mann	Mensch	das, ein	Kind	Auto
G	des, eines	Lehrers	Tages	Mannes	Menschen	des, eines	Kindes	Autos
D	dem, einem	Lehrer	Tag	Mann	Menschen	dem, einem	Kind	Auto
A	den, einen	Lehrer	Tag	Mann	Menschen	das, ein	Kind	Auto

Feminina

N	die, eine	Frau	Hand
G	der, einer	Frau	Hand
D	der, einer	Frau	Hand
A	die, eine	Frau	Hand

Plural für alle drei Genera

N	die	Lehrer	Tage	Männer	Menschen	Kinder	Autos	Frauen	Hände
G	der	Lehrer	Tage	Männer	Menschen	Kinder	Autos	Frauen	Hände
D	den	Lehrern	Tagen	Männern	Menschen	Kindern	Autos	Frauen	Händen
A	die	Lehrer	Tage	Männer	Menschen	Kinder	Autos	Frauen	Hände

Bemerkungen zur Deklination im Singular:

– Die größte Vielfalt der Endungen hat das Maskulinum, die geringste das Femininum (= 0).

– Der **Genitiv:** Das Maskulinum zeigt zwei Typen:

Typ I: -(e)s haben die Substantive, die ihren Plural anders als mit -n, -en bilden.	Typ II: -(e)n haben die Substantive, die ihren Plural auf -n, -en bilden.

-es muß stehen, wenn das Substantiv auf **-s, -ß, -z** oder auf mehrere Konsonanten auslautet:

Hals – Hals**es**   Biß – Biss**es**
Sitz – Sitz**es**   Herbst – Herbst**es**

-(e)s kann stehen, wenn das Substantiv auf **-nd, -ld, -rg** auslautet. In diesen Fällen ist **-es zu empfehlen:**

Band – Band**es**   Wald – Wald**es**   Berg – Berg**es**

-s muß nach **-el, -er, -en** stehen:

Hobel – Hobel**s**   Lehrer – Lehrer**s**   Wagen – Wagen**s**

Das **Neutrum** hat nur den Typ I, für den bezüglich **-es/-s** dieselben Regeln wie für das Maskulinum gelten.

– Der **Dativ: -e** steht im Maskulinum und im Neutrum nur aus Gründen des Wohlklanges (aus subjektivem Ermessen) und in einigen festen Ausdrücken wie: am Tage auf dem Lande in diesem Sinne

- Der **Akkusativ** ist im Femininum und Neutrum **gleich dem Nominativ**. Im Maskulinum wird er durch das Artikelzeichen **-n** angedeutet.

Ausnahmen von den obigen Regeln:

Einen Mischtyp zeigen folgende maskuline Wörter:

See, Stachel, Strahl, Staat, Pantoffel, Muskel, Lorbeer.

Singular N D A See	*Plural* N G D A Seen, Stacheln,
G Sees	Strahlen, Staaten *usw.*

Doppelformen haben:

der **Bauer**, der **Nachbar**	**Friede, Funke, Gedanke, Glaube, Haufe, Schade, Wille**

N	der Bauer	N	der Friede, Frieden
G	des Bauers, Bauern	G	des Friedens
D	dem Bauer, Bauern	D	dem Frieden
A	den Bauer, Bauern	A	den Frieden
	Plural		(Friede(n) *ohne Plural*)
N G D A	die Bauern	*Plural*	Funken

Abweichungen zeigt:

der Herr	die Herren
des Herrn	der Herren
dem Herrn	den Herren
den Herrn	die Herren

Bemerkungen zur Deklination im Plural:

- Im Nominativ, Genitiv und Akkusativ hat das Substantiv im Plural keine Kasusendungen.
- Der **Dativ** hat die Endung **-n**: Händen, Lehrern, Männern, Tagen. Substantive mit der Pluralendung **-(e)n** oder **-s** nehmen die Kasusendung **-n** nicht an. Es steht also kein doppeltes -n, kein -sn: den Autos, den Frauen, den Menschen.
- Der **Genitiv** muß analytisch durch **von** bezeichnet werden, wenn das Substantiv ohne Artikel oder ohne Adjektiv steht:

	der Apfelsinen...
Die Einfuhr {	spanischer Apfelsinen...
	von Apfelsinen...

Deklination von Eigennamen

Bis auf den Genitiv bleiben sie unverändert:

Nominativ	Wolfgang	Schiller
Genitiv	Wolfgangs	Schillers
Dativ	Wolfgang	Schiller
Akkusativ	Wolfgang	Schiller

Der Eigenname im Genitiv steht meist **vor** dem Bestimmungswort:

Wolfgangs Freunde   oder   **die** Freunde Wolfgangs
Schillers Dramen   oder   **die** Dramen Schillers

Nach **s, sch, ß, tz, x** und **z** lautete früher der Genitiv **-ens**:

Fritz**ens** Bücher   Hertz**ens** Entdeckung

Dieser Genitiv klingt heute veraltet, ironisch oder dialektal. Er wird ersetzt durch **von**:

die Bücher **von** Fritz, die Entdeckung **von** Hertz

Steht der Eigenname **mit dem bestimmten Artikel** und einem **Titel,** so wird nur der Titel dekliniert:

der Kaiser **Karl** (der Große)
das sind die Verdienste
des Kaisers **Karl** des Großen, des Professors Müller
Aber: die Schriften des Doktor (Dr.) Meyer
Doktor wird als Bestandteil des Namens nicht dekliniert.

Ohne den bestimmten Artikel wird nur der letzte Name dekliniert:
Kaiser Karls des Großen Verdienste   Professor Müllers Abhandlung
Die Anrede **Herr** wird immer dekliniert: Herrn Lehmanns Brief
der Brief des Herrn Lehmann

Adjektiv (Eigenschaftswort)

Das Adjektiv kann unverändert (in der Wörterbuchform) oder verändert (mit einer Endung versehen) auftreten.

Unverändert bleibt das Adjektiv:

1. wenn es nach einem Substantiv steht (veraltet oder dichterisch):
   Bei einem Wirte **wundermild,** da war ich jüngst zu Gaste.

2. in älterer Sprache (z. B. Sprache der Bibel, Sprichwörter):
Unser **täglich** Brot gib uns heute.
Gut Ding will Weile haben.
(*heute:* Unser tägliches Brot, Gutes)

3. prädikativ (nach dem Satzband *sein*, nach *werden, bleiben* usw.):
Die Stadt **ist groß.**
Das **wird gefährlich.**
Das Wetter **bleibt schön.**

Verändert wird das Adjektiv:

1. vor einem Substantiv: Der **große** Mann; **kleiner** Mann, was nun?

2. als selbständiges Substantiv: *(In diesem Falle wird es groß geschrieben).*

Karl der **Große.**
Das **Neue** daran ist nicht gut, und das **Gute** daran ist nicht neu.

3. wenn bei einer Wiederholung das Substantiv fehlt: *(In diesem Falle wird es klein geschrieben).*
Welche Bananen möchten Sie, die noch **grünen** oder die **gelben**?
Geben Sie mir noch ein paar Äpfel, und zwar von den **roten**!
(Merke: die **Roten,** *die politisch Linksstehenden)*

In allen Stellungen **unverändert** bleiben: **beige, lila, orange, rosa.**

Adjektivendungen

Die Endungen des Adjektivs werden bestimmt:

1. von dem Artikelzeichen, das vor ihm steht.

2. bei fehlendem Artikelzeichen von dem Substantiv, das ihm folgt.

Die Adjektivendung wird also von links oder von rechts gesteuert.

Beispiel:

1. der ($\rightarrow$) gute Mann, dieser gute Mann, jeder gute Mann
Substantiviert: der Gute

2. ein guter ($\leftarrow$) Mann, guter Mann
(**ein, kein** usw. haben das Artikelzeichen 0!)
Ausschlaggebend für guter ist das folgende Wort **Mann,** also:

1. | -r $\rightarrow$ .....e |

2. | .....r $\leftarrow$ Mann |

Nach der Art der Steuerung ergeben sich **drei Deklinationstypen:**

1. Artikelzeichen am Artikelwort: de**r** gute Mann

                                       de**r** Gute

2. wechselndes Artikelzeichen: ein gute**r** Mann

   (am Adjektiv oder am Artikelwort)   ein Gute**r**

                                         eine**s** guten
Mannes

3. Artikelzeichen nur am Adjektiv: gute**r** Mann

                                         Gute**r**

1. Adjektivendungen nach Wörtern mit Artikelzeichen

Singular

	m		f		n	
N	der	junge Mann	die	junge Frau	das	kleine Kind
G	des	jungen Mannes	der	jungen Frau	des	kleinen Kindes
D	dem	jungen Mann	der	jungen Frau	dem	kleinen Kind
A	den	jungen Mann	die	junge Frau	das	kleine Kind

Adjektivendungen

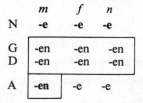

	m	f	n
N	-e	-e	-e
G	-en	-en	-en
D	-en	-en	-en
A	-en	-e	-e

Dieselben Adjektivendungen stehen nach: aller, dieser, folgender, jeder, jener, mancher, solcher, welcher.

Plural

N	die	jungen Männer	die	jungen Frauen	die	kleinen Kinder
G	der	jungen Männer	der	jungen Frauen	der	kleinen Kinder
D	den	jungen Männern	den	jungen Frauen	den	kleinen Kindern
A	die	jungen Männer	die	jungen Frauen	die	kleinen Kinder

Adjektivendung nur

-en

Ebenso nach: alle, diese, jene, irgendwelche, manche, sämtliche, solche, welche, keine, beide, meine, deine, seine, ihre, unsere, eure, ihre; wir, ihr (als Personalpronomen), z. B. **wir** deutschen Frauen, **wir** Deutschen, **ihr** kleinen Kinder; *auch* alle diese guten Kinder.

2. Adjektivendungen mit wechselnden Artikelzeichen

Singular

N	ein	junger Mann	eine	junge Frau	ein	kleines Kind
G	eines	jungen Mannes	einer	jungen Frau	eines	kleinen Kindes
D	einem	jungen Mann	einer	jungen Frau	einem	kleinen Kind
A	einen	jungen Mann	eine	junge Frau	ein	kleines Kind

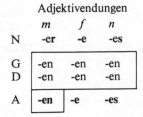

Adjektivendungen

	m	*f*	*n*
N	-er	-e	-es
G	-en	-en	-en
D	-en	-en	-en
A	-en	-e	-es

Dieselben Adjektivendungen stehen nach: kein, mein, dein, sein, unser, euer, ihr.

Merke: Typ 1 und 2 haben im Singular Genitiv und Dativ die Adjektivendung **-en.** Man beachte besonders den Nominativ und Akkusativ.

Plural

ohne Artikel wie Typ 3; nach **keine, deine** *usw.* wie Typ 1.

3. Adjektivendungen mit Artikelzeichen

Singular

Adjektivendung mit Artikelzeichen

						m	*f*	*n*
N	junger Mann	junge Frau	kleines Kind			-er	-e	-es
G	jungen Mannes	junger Frau	kleinen Kindes			-en	-er	-en
D	jungem Mann	junger Frau	kleinem Kind			-em	-er	-em
A	jungen Mann	junge Frau	kleines Kind			-en	-e	-es

Mit Ausnahme des Genitivs Maskulinum und Neutrum nehmen die Adjektivendungen dieses Typs die Artikelzeichen an (vgl. Deklination der Substantive, Artikelzeichen). In einigen älteren Wendungen trägt das Adjektiv auch im Genitiv das Artikelzeichen **-s:** gutes Muts, *heute* guten Mutes.

19

N	junge	Männer	junge	Frauen	kleine	Kinder	-e
G	junger	Männer	junger	Frauen	kleiner	Kinder	-er
D	jungen	Männern	jungen	Frauen	kleinen	Kindern	-en
A	junge	Männer	junge	Frauen	kleine	Kinder	-e

Ebenso nach: andere, einige, folgende, mehrere, verschiedene, viele, wenige; irgendwelche, manche, sämtliche, solche, welche.

Merke: Den Artikelwörtern, die auf -ch(e) (irgendwelche, manche, sämtliche, solche, welche) ausgehen, können Adjektive mit den Endungen des 1. oder 3. Typs folgen.

Adjektive auf -el stoßen das -e bei Antritt einer Endung **immer,** Adjektive auf **-en, -er** meistens aus:

     dunk**el**:   der dunk**le** Stoff, im dunk**len** Zimmer (*umgangssprachlich auch:* im dunk**eln** Zimmer); aber: im Dunk**eln**

     trock**en**:   der trock**ene** *od.* trock**ne** Keller

     teu**er**:   eine teu**ere** *od.* teu**re** Reise

Stehen mehrere Adjektive hintereinander, so stimmen ihre Endungen überein:

     ein lang**er,** staubig**er,** wenig befahren**er** Weg
     ein Zimmer mit kalt**em** und warm**em** Wasser
     Hotel mit eigen**em** weit**em,** feinsandig**em** Strand

Substantiviertes Adjektiv

Ein substantiviertes Adjektiv im Neutrum kann nie eine Person bezeichnen

     ein guter Mann → ein Guter   eine gute Frau → eine Gute
     der gute Mann → der Gute   die gute Frau → die Gute

Das substantivierte neutrale Adjektiv bezeichnet ein Abstraktum oder eine Sprache:

     das gute Kind → ∅   **das Gute** (*das, was gut ist*)
     ein gutes Kind → ∅   **ein Gutes** (*etwas, was gut ist*)

     Merke: alles Gute; etwas, nichts, viel, wenig Gutes

Die Deklination des substantivierten Adjektivs geht aus den obigen Tabellen hervor. Die Endungen sind dieselben, lediglich das folgende Substantiv entfällt:

	Singular			Plural	
	nach Typ 1.	*nach* Typ 2.	*nach* Typ 3.	*nach* Typ 1.	*nach* Typ 3.
N	der Beamte	ein Beamter	Beamter	die Beamten	Beamte
G	des Beamten	eines Beamten	Beamten	der Beamten	Beamter
D	dem Beamten	einem Beamten	Beamtem	den Beamten	Beamten
A	den Beamten	einen Beamten	Beamten	die Beamten	Beamte

Steigerung (Komparation) des Adjektivs

Gesteigert werden können nur Adjektive und Adverbien. Es gibt drei Vergleichsformen, die im Deutschen nur (synthetisch) durch Anfügung von Endungen gebildet werden können. Eine Ausnahme bildet der Vergleich zwischen zwei Eigenschaften ein und desselben Dinges. In diesem Fall ist die (analytische) Steigerung durch **mehr** üblich. Es gibt zwei Steigerungsstufen:

Positiv	(Grundstufe)	–	schnell
Komparativ	(erste Steigerungsstufe)	**-er**	schnell**er**
Superlativ	(zweite Steigerungsstufe)	**-st-, -est-**	schnellst-

Beispiel: Das Fahrrad ist schnell.

Das Auto ist schnell**er** (**als** das Fahrrad).

Das Flugzeug ist das schnell**ste** Verkehrsmittel. Das Flugzeug ist **am** schnell**sten.**

Der Superlativ des Adjektivs muß immer eine Endung haben:

a) Er steht deshalb vor einem Substantiv (vgl. S. 17).

b) Nach dem Satzband *sein, werden* usw. muß er durch die Formel **am... -en** ausgedrückt werden: ...ist **am** schnellsten.

Der Komparativ und der Superlativ können auch **absolut** (ohne Vergleich mit einem anderen Wort) verwendet werden. Den absoluten Superlativ nennt man auch **Elativ.**

Absoluter Komparativ: Die Tage werden länger.

Absoluter Superlativ (Elativ): Sie waren in **bester** Stimmung. **Ergebenst** Ihr...

Merke: Den umgekehrten Sinn haben die absoluten Komparative **älter** und **jünger:** ein älterer Herr (*er ist jünger als ein alter Herr*), eine jüngere Dame (*sie ist älter als eine junge Dame*).

Werden zwei Eigenschaften ein und derselben Sache verglichen, wird der Komparativ mit Hilfe von **mehr** gebildet:

Sein Gesicht ist **mehr** breit als lang. Sein **mehr** breites als langes Gesicht wirkte sehr freundlich.

Der Superlativ nach dem Satzband hat zwei Formen. Man muß unterschei
den, ob er sich auf **gleiche** Dinge oder **verschiedene** Dinge bezieht:

1. '**Der** Garten ist **der schönste.**   (*d. h. von allen anderen* **Gärten;** *der ist hier betont*).

2. Der '**Garten** ist **am schönsten.**   (*d. h. im Vergleich zu anderen Din gen wie Haus, Platz usw.; hier is* **Garten** *betont*).

Besondere Formen und Unregelmäßigkeiten

Adjektive auf **-el** stoßen das **-e-** bei Antritt der Komparativendung **imme** aus, Adjektive auf **-en** und **-er können** es ausstoßen:

dunkel	dunk**ler**
trocken	trock**ner,** trock**ener**
teuer	teu**rer,** teu**erer**

Treten an die Komparativendung noch Kasusendungen, so gilt die Regel, daß von rechts nach links gezählt (←) nur zwei -e- stehen:

ein noch dunk**ler**es Blau (das Blau = die blaue Farbe)
das dunk**ler**e Blau
ich nahm das teu**rer**e Zimmer, ein teu**rer**es Zimmer
(*selten:* teu**erer**e, teu**erer**es)
Dort herrscht eine noch trock(e)n**ere** Kälte.

Unregelmäßigkeiten zeigen:

gut	groß	hoch	nah	viel	wenig	
besser	größer	höher	näher	**mehr**	weniger	minder
best-	größt-	höchst-	nächst-	**meist**	wenigst-,	mindest-

mehr und **weniger** nehmen keine Kasus- und Pluralendungen an:

mit **mehr** Geld, mit **weniger** Geld
mit **mehr** Hoffnung, mit **weniger** Hoffnung
mit **mehr** Schulden, mit **weniger** Schulden
mit **weniger** Einkommen; *aber:* mit minderem Einkommen.

Viele einsilbige Adjektive haben im Komparativ und Superlativ Umlaut:

alt:	älter,	ältest-	kalt:	kälter,	kältest-
grob:	gröber,	gröbst-	kurz:	kürzer,	kürzest-
jung:	jünger,	jüngst-	stark:	stärker,	stärkst-

ebenso: arg, arm, dumm, hart, klug, krank, lang, scharf, schwach, schwarz, warm; **meist** Umlaut haben: bang, gesund, rot.

Den Superlativ auf **-est-** haben einsilbige und endbetonte Adjektive auf:

-d	-s	-ß	
-t	-sch	-x	(also etwa: **d-** und **s**-Laute!)
-tz	-st	-z	

Beispiele:

(d) eine der ödesten Gegenden
(tz) die spitzeste Nadel
(sch) die rascheste Antwort
(ß) der krasseste Widerspruch (kraß)
(z) die kürzeste Strecke
die interessanteste Geschichte (*mehrsilbig endbetont*)

(t) einer der kältesten Orte
(s) der treuloseste Mensch
(st) die festeste Mauer
(x) einer der fixesten Arbeiter

aber: das aufsehenerregendste Ereignis (*ohne -e-, weil nicht endbetont*).

Die auf einen Vokal oder Diphthong (+ h) ausgehenden Adjektive bilden den Superlativ auf **-st-** oder **-est-**: neu(e)st-, rauh(e)st-, getreu(e)st-, froh(e)st-.

Einige Adjektive können nur die Position vor einem Substantiv einnehmen oder substantiviert verwendet werden; sie können also nie nach einem Satzband (*sein usw.*) stehen. Sie haben nur die Form des Komparativs und Superlativs:

Komparativ	ober-	vorder-	äußer-	mittler-
	unter-	hinter-	inner-	
Superlativ	oberst-	vorderst-	äußerst-	—
	unterst-	hinterst-	innerst-	

Beispiele: die oberen Stockwerke   der äußerste Preis   das Äußerste
die obersten Stockwerke   der innerste Ring   das Innerste
die mittleren Einkommensgruppen

Vergleichswörter

Nach dem Positiv steht heute **wie** (früher – auch bei den Klassikern – zuweilen **als**); nach dem Komparativ **als**:

Er ist **(eben)so** groß **wie** du.
Er ist größer **als** ich.

Adverb (Umstandswort)

Die meisten Adverbien sind im Deutschen Adjektive oder Partizipien in ihrer endungslosen Form. Das Adverb hat im Deutschen also keine besondere Endung.

Das Auto fährt **schnell**.   Das schnelle Auto.
Er erzählt **spannend**.   Die spannende Erzählung.

Das Inventar der Adverbien entstammt verschiedenen Quellen:

a) Sie sind ursprünglich: **da, dort, jetzt, nie, morgen**

b) Sie sind anderen Wortklassen entnommen oder aus anderen Wörtern abgeleitet: **schnell, spannend,** abends, morgens

c) Sie sind zusammengesetzt aus einem Adjektiv oder Partizip **glücklicherweise**

$+$ er$\begin{cases} +\text{weise} \\ +\text{maßen} \end{cases}$
unbekannt**erweise**
anerkannt**ermaßen**

Die Adverbien bezeichnen

1. den Ort	da, daher, dort, hier, links
2. die Zeit	jetzt, damals, künftig, neulich, oft
3. die Art und Weise	sehr, besonders, so, kaum, ganz, ziemlich, nicht

Das Adverb kann

a) als **adverbiale Bestimmung** zum Verb oder

b) als **Attribut** zu vielen anderen Wortklassen treten.

a) das Auto fährt **schnell.** (*Das Fahren wird genauer gekennzeichnet.*) *characterize + typify*

b) als Attribut (Beifügung)

zum Adjektiv: Das **sehr** *schnelle* Auto.
zum Partizip: Dieser Film ist **besonders** *spannend.*
zum Adverb: Dieser Film ist **sehr** *lange* gelaufen.

zum Substantiv: *Die Frau* **dort** ist meine Nachbarin.
zum Pronomen: Wen meinst du? *Sie* oder *ihn* **da?**

Steigerung (Komparation) des Adverbs

Sie unterscheidet sich nicht von der des Adjektivs. Einige Superlative haben eine Form auf **-st** ohne eine weitere Endung:

z. B. **höchst, äußerst**
das ist **höchst** interessant, er war **äußerst** erstaunt.

Im allgemeinen hat auch der adverbiale Superlativ die Formel: **am...sten**
Die Einschienenbahn fährt **am schnellsten.**

Positiv	schnell
Komparativ	schneller
Superlativ	**am** schnellsten

Gesteigert werden können nur Adverbien, die aus Adjektiven oder Partizipien abgeleitet sind; ferner die Adverbien **bald, gern, oft, viel, wenig.**

Folgende Adverbien werden unregelmäßig gesteigert:

oft **häufiger**(öfter) **am häufigsten**	bald **eher** **am ehesten**	gern **lieber** **am liebsten**	gut **besser** **am besten**	viel **mehr** **am meisten, meist**

Der **absolute Superlativ** oder **Elativ** wird meist durch folgende Mittel ausgedrückt:

a) durch die Endung **-st** (s. weiter oben) : **höchst**

b) durch die Formel **aufs...ste**   : **aufs** höchste

Der Gebrauch ist durch Konvention festgelegt. Man sagt:

   Ich bin **höchst** erstaunt. Ich bin **aufs höchste** erstaunt.

Man sagt fast nur: Es ist **höchst** interessant.

             Ich bin **aufs bitterste** enttäuscht.

Personalpronomen (persönliches Fürwort)

Die drei Genera (Artikelzeichen **-r, -e, -s**) werden nur in der dritten Person unterschieden. Neben diesen drei Genera tritt in der dritten Person noch eine weitere Scheidung hinzu: die Scheidung in die Kategorie der Personen und die der Sachen.

1. Person   **2. Person**

	Singular	Plural		Singular	Plural
N	ich	wir		du	ihr
G	meiner	unser		deiner	euer
D	mir	uns		dir	euch
A	mich	uns		dich	euch

	3. Person Singular						*allgemein*
	Personen			*Sachen*			*unpersönlich*
	m	f	n	m	f	n	n
N	er	sie	es	er	sie	es	es
G	seiner	ihrer	seiner	seiner (dessen)	ihrer	dessen (seiner)	dessen (es)
D	ihm	ihr	ihm	ihm	ihr	ihm	–
A	ihn	sie	es	ihn	sie	es	es

Diese Pronomen verbinden sich nur
mit wenigen Präpositionen.

In den meisten Fällen werden sie durch **da(r)**-Dativ und Akkusativ ersetzt, dem sich die Präposition anschließt:

Diese Wörter nennt man auch **Pronominaladverbien.**	dar**an**, dar**auf**, dar**aus**, dar**in**, da**von**, dar**unter**, dar**über**, da**zwischen** usw. aber: **ohne ihn, sie, es**

3. Person Plural

	Personen	*Sachen*	
N	sie	sie	
G	ihrer	ihrer	
D	ihnen	ihnen	da(r)- + Präposition
A	sie	sie	

Die Anrede an Fernerstehende lautet im Singular und Plural:

N	Sie	Der Form nach sind es Pronomen der dritten Person im
G	Ihrer	Plural, der Bedeutung nach sind es Pronomen der zweiten
D	Ihnen	Person Singular und Plural, entsprechen also **du** und **ihr**.
A	Sie	

Die Genitivformen **meiner, deiner** usw. verbinden sich mit **-seits, -wegen, -willen, -halben** zu oft gebrauchten Adverbien. Vor **-wegen, -willen** und **-halben** steht **-t** anstatt **-r**:

meinerseits	**unserer**seits	meinetwegen	unsretwegen, unsertwegen
deinerseits	**eurer**seits	deinetwegen	euretwegen, euertwegen
seinerseits	**ihrer**seits	seinetwegen	ihretwegen
ihrerseits		ihretwegen	

entsprechend: meinethalben, um meinetwillen
unsrethalben, um unsretwillen usw.

Alle Genitivformen *meiner, deiner* usw. gehören der gehobenen Sprache an. Veraltet oder dichterisch sind **mein, dein, sein**, z. B.:

Vergiß **mein** nicht! Gedenke **mein**! Gedenke **meiner**!

Fräulein und **Mädchen** werden in der heutigen Sprache oft durch das Pronomen **sie** (nicht **es**) wiederaufgenommen:

Hast du mit dem Mädchen gesprochen? **Sie** war vorhin hier.

Genitiv der dritten Person

seiner, dessen und **ihrer** werden nach folgendem Muster gebraucht:

Personen **Singular**	*Sachen*
m Ich erinnere mich *des Schülers.* Ich erinnere mich **seiner.**	Ich bediene mich *des Apparates.* Ich bediene mich **seiner** (auch **dessen**).
n Ich erinnere mich *des Kindes.* Ich erinnere mich **seiner.**	Ich bediene mich *des Gerätes.* Ich bediene mich **seiner** (*meist* **dessen**).
f Ich erinnere mich *der Schülerin.* Ich erinnere mich **ihrer.**	Ich bediene mich *der Maschine.* Ich bediene mich **ihrer.**

Abstrakt, allgemein, unbestimmt:

Ich erinnere mich **dessen** (*z. B. des Vorfalls*).
Ich erinnere mich **dessen** (*z. B. wie es geschah*).

Plural

ohne Unterschied: Ich erinnere mich **ihrer.**

Pronominaladverbien

Personen **Singular**	*Sachen*
Ich erinnere mich *an den Schüler.* Ich erinnere mich **an ihn.**	Ich erinnere mich *an den Apparat.* Ich erinnere mich **daran.**
Ich erinnere mich *an das Kind.* Ich erinnere mich **an das Kind.** (*nicht* es!)	Ich erinnere mich *an das Gerät.* Ich erinnere mich **daran.**
Ich erinnere mich *an die Schülerin.* Ich erinnere mich **an sie.**	Ich erinnere mich *an die Maschine.* Ich erinnere mich **daran.**

Plural

Ich erinnere mich *an die Schüler, Kinder, Schülerinnen.* **...an sie**	Ich erinnere mich *an die Apparate, Geräte, Maschinen.* **...daran**

Zur Verdeutlichung des Zusammenhangs und zur Hervorhebung werden anstatt der Pronominaladverbien die persönlichen Fürwörter mit Präposition gebraucht:

Ich denke gern **an sie**   (= *an die Stadt*) zurück.
Ich denke gern **daran** zurück. (*z. B. an meinen Aufenthalt in der Stadt*).

Unter dem Einfluß von Übersetzungen aus dem Englischen (hauptsächlich der Nachrichtenagenturen) haben viele Deutsche das Gefühl für den Unterschied zwischen Personalpronomen und Pronominaladverb verloren, so daß die obigen Regeln in Zeitungen usw. nicht mehr streng beachtet werden. Man hört und liest:

Der Student arbeitet **für sie** (*d. h. die Prüfung oder für die Freundin*).

Richtig: Der Student arbeitet **für sie** (*die Freundin*).

Der Student arbeitet **dafür** (*für die Prüfung*).

„es"

Das Pronomen **es** erfordert wegen seiner vielfältigen Aufgaben eine besondere Darstellung.

1. Es bezeichnet

a) die Person im Neutrum: *Nom.* Das Kind spielt. **Es** spielt.
                            Akk. Ich sehe das Kind. Ich sehe **es**.
b) die Sache im Neutrum: *Nom.* Das Buch ist neu. **Es** ist neu.
                            Akk. Ich lese das Buch. Ich lese **es**.

Nach Präpositionen wird das Pronomen **es** nicht verwendet.

Bei Personen wiederholt man entweder das neutrale Substantiv oder setzt je nach dem Fall **ihn** oder **sie**:

Sorgst du für das Kind?   Ja, ich sorge für **das Kind.**
                oder   Ja, ich sorge für **ihn** (*für den Jungen*).
                            Ja, ich sorge für **sie** (*für das Mädchen*).

Bei Sachen tritt das Pronominaladverb ein:

Interessierst du dich für das Buch? Ja, ich interessiere mich **dafür.**

2. Es bezeichnet ferner

a) ein allgemeines unpersönliches Subjekt;

b) ein allgemeines unpersönliches Objekt im Akkusativ
                                         im Genitiv

zu a) *als Subjekt:* **Es** ist gut. (Betont: **Das** ist gut.)
                     Es ist möglich. (**Das** ist möglich.)

28

Es steht: In **unpersönlichen Ausdrücken,** zu denen auch Witterungsangaben
gehören.

In diesen Fällen kann es nie durch das betonte **das** ersetzt werden:

es scheint, daß	**es** regnet
es ist möglich, daß	**es** schneit
es fehlt mir an *D*	**es** blitzt
es geht mir gut *usw.*	**es** donnert *usw.*

zu b) *als Objekt:* Ich kann **es** nicht ertragen.
Ich lehne **es** ab, näher auf diese Frage einzugehen.

Gen. Ich habe **es** satt. (*alter Genitiv*)

3. Neben den oben beschriebenen Aufgaben als persönlichem und unper-
sönlichem Subjekt-Objekt-Anzeiger muß **es** in bestimmten Fällen als Sub-
jektvertreter fungieren. In diesem Falle ist es grammatisches Subjekt oder
eine Satzbaupartikel und **kann nur die erste Stelle des Satzes einnehmen.**

a) **Es** weist auf ein folgendes Subjekt hin:
Es spielt **die Kapelle Hans Müller** (= Die Kapelle H. Müller spielt).

aber: **Jetzt** spielt die Kapelle Hans Müller.
Hier spielt die Kapelle Hans Müller.

b) **Es** leitet das unpersönliche Passiv ein:

Es darf geraucht werden.   **Es** kann ihm geholfen werden.

aber: **Hier** darf geraucht werden.   aber: **Ihm** kann geholfen werden.

c) **Es** steht bei einigen **unpersönlichen Verben:**
Es graut mir vor dir.

aber: **Mir** graut vor dir.
Jetzt graut mir vor dir.

Zwischen dem es der ersten beiden Gruppen und der dritten Gruppe als
grammatischem Subjekt besteht ein wesentlicher Unterschied.

Als persönliches und unpersönliches Subjekt-Objekt (Gruppe 1 und 2)
bleibt *es* auch in der Frage erhalten.
Als grammatisches Subjekt (Gruppe 3) fällt es in der Frage weg.

Gruppe 1 und 2:
Ist **es** gut? Ist **es** möglich?   Fehlt **es** dir an gutem Willen?
Regnet **es**? Schneit **es**?
Lehnst du **es** ab, auf diese Frage einzugehen?

aber: Spielt die Kapelle Hans Müller? Darf hier geraucht werden?
Graut dir vor mir?

Possessivpronomen (besitzanzeigendes Fürwort)

Das Possessivpronomen ist im Nominativ wie *ein*, *kein* ohne Artikelzeichen. In der heutigen Sprache steht es immer **vor** dem Substantiv. In der Sprache der Bibel und der Poesie folgt es in einzelnen Fällen dem Substantiv. Es hat dann nach der Regel Seite 16 keine Endung: „Vater **unser** in dem Himmel...‘ (*Bibel*). Die Mutter sprach: „O Heinrich **mein**! Nimm diese Brezen, sie se dein!“ (*Wilhelm Busch*).

Singular				**Plural**			
Besitzer	*Possessivpronomen*			*Besitzer*	*Possessivpronomen*		
	m	*f*	*n*		*m*	*f*	*n*
1. ich	mein	meine	mein	1. wir	unser	uns(e)re	unser
2. du	dein	deine	dein	2. ihr	euer	eu(e)re	euer
3. er, es	sein	seine	sein	3. sie	ihr	ihre	ihr
	selten: dessen				*selten:* deren		
sie	ihr	ihre	ihr				
	selten: deren						
	Sie	Ihr	Ihre	Ihr			

dessen und **deren** nehmen weder Artikelendungen noch Kasusendungen an, sie bleiben immer unverändert.

Im allgemeinen bezieht sich **sein** und **ihr** sowohl auf das Subjekt als auch auf eine andere Person oder Sache im Satz. (Vgl. dagegen das Lateinische **suus – eius**, das Russische **свой – егó**, das Dänische **sin – hans** usw.). Zur Verdeutlichung kann jedoch das Pronomen **dessen, deren** verwendet werden, z. B.

Sie traf dort **ihre** Freunde und
{ ihre Verwandten (d. h. ihre eigenen *Verwandten*).
{ deren Verwandte (d. h. die *Verwandten der Freunde*).

Die Deklination der Possessivpronomen entspricht der von *ein:*

Singular

N	mein Garten	meine Wohnung	mein Haus
G	meines Gartens	meiner Wohnung	meines Hauses
D	meinem Garten	meiner Wohnung	meinem Haus
A	meinen Garten	meine Wohnung	mein Haus

N	meine Gärten	Wohnungen	Häuser
G	meiner Gärten	Wohnungen	Häuser
D	meinen Gärten	Wohnungen	Häusern
A	meine Gärten	Wohnungen	Häuser

Bei **unser** und **euer** kann in den flektierten Formen (*Genitiv usw.*) das **e vor oder nach dem r** (unser, euer) wegfallen. Es ist zu empfehlen, das vorletzte **e** wegzulassen.

				Plural
N	unser	unsere, unsre	unser	unsere, unsre
G	unseres, unsres	unserer, unsrer	unseres, unsres	unserer, unsrer
D	uns(e)rem, unserm	unserer, unsrer	uns(e)rem, unserm	uns(e)ren, unsern
A	uns(e)ren, unsern	unsere, unsre	unser	unsere, unsre

				Plural
N	euer	euere, eure	euer	euere, eure
G	eueres, eures	euerer, eurer	eueres, eures	euerer, eurer
D	eu(e)rem, euerm	euerer, eurer	eu(e)rem, euerm	eu(e)ren, euern
A	eu(e)ren, euern	euere, eure	euer	euere, eure

Substantivischer Gebrauch der Possessivpronomina

Ohne Artikel erhalten die substantivierten Possessivpronomina Endungen mit dem Artikelzeichen. Im Genitiv sind sie ohne Artikel nicht gebräuchlich.

	Singular			Plural
	m	*f*	*n*	
N	meiner	meine	mein(e)s	meine
G	–	–	–	–
D	meinem	meiner	meinem	meinen
A	meinen	meine	mein(e)s	meine

entsprechend: deiner, deine, dein(e)s usw.; **Plural:** uns(e)rer, uns(e)re, uns(e)res; eu(e)rer, eu(e)re, eu(e)res.

Mit dem bestimmten Artikel gibt es eine Kurzform ohne -ig und eine Langform mit -ig: **der Meine** oder **der Meinige**. Die Endungen entsprechen denen des Adjektivs mit Artikel (s. Seite 18, Gruppe 1).

	Singular			**Plural**
	m	*f*	*n*	
N	der Meine	die Meine	das Meine	die Meinen
G	des Meinen	der Meinen	des Meinen	der Meinen
D	dem Meinen	der Meinen	dem Meinen	den Meinen
A	den Meinen	die Meine	das Meine	die Meinen

oder

N	der Meinige	die Meinige	das Meinige	die Meinigen
G	des Meinigen	der Meinigen	des Meinigen	der Meinigen
D	dem Meinigen	der Meinigen	dem Meinigen	den Meinigen
A	den Meinigen	die Meinige	das Meinige	die Meinigen

Entsprechend werden dekliniert:

der Deine	die Deine	das Deine	die Deinen
der Seine	die Seine	das Seine	die Seinen
der Ihre	die Ihre	das Ihre	die Ihren

Plural

der Uns(e)re	die Uns(e)re	das Uns(e)re	die Uns(e)ren
der Unsrige	die Unsrige	das Unsrige	die Unsrigen
der Eu(e)re	die Eu(e)re	das Eu(e)re	die Eu(e)ren
der Eurige	die Eurige	das Eurige	die Eurigen
der Ihre	die Ihre	das Ihre	die Ihren

Die Formen auf -ig- sind bei **unser** und **euer** wegen des Wegfalls des e ausdrücklich verzeichnet. Die übrigen Formen bieten keine Besonderheiten: der Deinige, der Seinige usw.

Beispiele: **Uns(e)re** spielten besser als **Eu(e)re**. (*Unsere, d. h. die Leute unserer Mannschaft*).

oder: **Die Unsren** spielten besser als **die Euren**.

oder: **Die Unsrigen** spielten besser als **die Eurigen**.

Jedem **das Seine**.

Die substantivierten Possessivpronomina werden klein geschrieben, wenn sie sich auf ein vorher genanntes Substantiv beziehen (s. Adjektiv S. 17). Bei den Pronomina ohne Artikel ist das meistens der Fall.

Beispiele: Dein Papagei kann nur sprechen; **meiner (unser)** singt sogar.

Ich finde hier kein Glas. – Nehmen Sie **mein(e)s – sein(e)s – uns(e)res!**   *durable*

Ihre Stoffe sind sehr schön, aber **die unsrigen** sind haltbarer.
lasting

Demonstrativpronomen (hinweisendes Fürwort)

Das kürzeste Demonstrativpronomen ist der **betonte Artikel.** Mit nachfolgendem ...**da** steht er in der heutigen Sprache für **jener,** das nur noch in bestimmten Verbindungen gebräuchlich ist.

				that / one			
m	der	dieser	der...da	jener	solcher	ein solcher	solch ein
f	die	diese	die...da	jene	solche	eine solche	solch eine
n	das	dieses, dies	das...da	jenes	solches	ein solches	solch ein
pl.	die	diese	die...da	*those* jene	solche	solche	solche

the former

m	derjenige	derselbe
f	diejenige	dieselbe
n	dasjenige	dasselbe
pl.	diejenigen	dieselben

Als Deklinationsmuster werden angeführt **dieser, der** und **derjenige.** Wie **dieser** werden **jener** und **solcher** dekliniert; **derselbe** folgt der Deklination von **derjenige.**

Der weicht im Genitiv Singular und Plural sowie im Dativ Plural durch Hinzufügung der Endung **-en** oder **-er** von der Deklination des bestimmten Artikels ab.

Deklination von **dieser, der** und **derjenige**

	Singular						**Plural**	
N	dieser	diese	dieses, dies	der	die	das	diese	die
G	dieses	dieser	dieses	dessen	(derer), der	dessen	dieser	derer, deren
D	diesem	dieser	diesem	dem	der	dem	diesen	denen
A	diesen	diese	dieses, dies	den	die	das	diese	die

33

N	derjenige	diejenige	dasjenige	diejenigen
G	desjenigen	derjenigen	desjenigen	derjenigen
D	demjenigen	derjenigen	demjenigen	denjenigen
A	denjenigen	diejenige	dasjenige	diejenigen

Beispiele: **Dieser** Baum blüht schon.
Das weiß ich nicht. **Den** kenne ich nicht.

In der Umgangssprache gebraucht man **der** *usw.* auch für das Personal-
pronomen **er, sie:**
Der (= er), Die (= sie) ist wirklich komisch.

Jener wird in der heutigen Sprache meist durch **der ... da** ersetzt.
Welche Pakete können Sie mitnehmen? Dieses (*od.* dies) und
das da?

In gehobenem Stil heißt es jedoch **diese – jene:**
In einem Postamt sehen wir Kunden und Postbeamte;
diese sitzen hinter dem Schalter, **jene** stehen davor.

Das Demonstrativpronomen **der** *usw.* steht oft vor einem folgenden Relativ-
satz. Diese Gruppe (Demonstrativpronomen + Relativpronomen) nennt
man auch **Korrelativpronomen.**

Singular Wir gedenken **dessen** (= des Mannes), der uns geholfen hat.
Wir gedenken **der** od. **derer** (= der Frau), die uns geholfen hat.
Wir gedenken **dessen,** was er für uns getan hat.

Plural Wir gedenken **derer** (= der Menschen), **die** uns geholfen haben.

Da **derer** als Pluralform weit häufiger gebraucht wird als die Singularform
derer, ersetzt man diese Form meist durch **der** oder durch das Substantiv.

Derer weist auf etwas Folgendes (→); **deren** weist auf etwas Gesagtes (←).
Kennen Sie die Namen **derer** (→), die an der Konferenz teilge-
nommen haben?
Leider nicht, es waren (←) **deren** zu viele.

Das Demonstrativpronomen **das** tritt als Vorläufer des Subjektes an die
Stelle von **es,** wenn dies betont werden soll:
Es ist der richtige Koffer.   **Das** ist der richtige Koffer.

Das und **dies** bei dem Satzband **sein** und **werden** ist, unabhängig vom Genus
und der Zahl des folgenden Substantivs, unveränderlich:

Das ist mein Koffer.   **Das sind** meine Koffer.
Das ist meine Tasche.   **Das sind** meine Taschen.
Das ist mein Buch.   **Das sind** meine Bücher.
Das wird ein guter Arzt.   **Das werden** gute Ärzte.
Dies sind meine Karten.   **Das da** sind seine.
(Veraltet: jenes...)

Die Personalpronomina können durch **selbst, selber** – beide immer unver-
änderlich – betont werden. Den Ton trägt immer **selbst (selber)**.

ich **'selbst (selber)**,   mir **'selbst (selber)** *usw.*
wir **'selbst (selber)**,   uns **'selbst (selber)** *usw.*

Beispiele: Du mußt es **selbst (selber)** tun. ~~ascribe to~~
Das hat er sich **selbst (selber)** ~~zuzuschreiben.~~ that's your own doing

Selbst in der Bedeutung **sogar** steht vor dem Pronomen und **ist unbetont**:
Selbst 'er mußte das einsehen. (**er** *ist stark betont.*)

Relativpronomen (bezügliches Fürwort)

Die Relativpronomina sind im wesentlichen gleichlautend mit:

a) dem Demonstrativpronomen **der, die, das**
b) dem Interrogativpronomen **welcher, welche, welches.**

welcher hat als Relativpronomen keinen Genitiv. Es wird heute viel seltener
gebraucht als **der.**

	m	f	n	pl.	m	f	n	pl.
N	der	die	das	die	welcher	welche	welches	welche
G	dessen	deren	dessen	deren	–	–	–	–
D	dem	der	dem	denen	welchem	welcher	welchem	welchen
A	den	die	das	die	welchen	welche	welches	welche

Beispiele: **Der** Apparat, **der** dort steht, war sehr teuer.
Der Apparat, **dessen** wir uns meistens bedienen, ist nicht neu.
Der Apparat, **dem** diese Teile fehlen, kann nicht funktionieren.
Der Apparat, **den** wir benutzen, arbeitet gut.

Entsprechend:

Die Maschine, **die**...   **Das** Gerät, **das**...
Die Maschine, **deren**...   **Das** Gerät, **dessen**...
Die Maschine, **der**...   **Das** Gerät, **dem**...
Die Maschine, **die**...   **Das** Gerät, **das**...

Plural:
Die Apparate, **die** Maschinen, **die** Geräte, **die** hier stehen, waren sehr teuer
usw.

Das Relativpronomen ist im **Genus** abhängig **von dem Wort, das davor
steht**; im **Kasus** richtet es sich **nach dem Verb, das folgt.**

Bemerkungen zu **dessen** und **deren**:

Dessen und **deren** bleiben immer unverändert. Sie erfüllen zwei Aufgaben:

a) Es sind **reine Relativpronomina**; d. h. sie stellen eine Beziehung zwischen
Substantiv und einem Verb her, das den Genitiv regiert:

Der Apparat, dessen wir uns **bedienen,** ist nicht neu.
(Wir bedienen uns *des Apparates*).

b) Es sind **Possessiv-Relativpronomina;** d. h. sie stellen eine Beziehung zwischen zwei Substantiven her:

Der Apparat, dessen Konstruktion Sie interessiert, steht hier.
(Sie interessiert *die Konstruktion des Apparates*).

Ein zwischen **deren, dessen** und dem Substantiv stehendes Adjektiv erhält das Artikelzeichen:

Der Motor, dessen große Leistung uns zufriedenstellt, ist teuer.
Der Motor, **mit** dessen großer Leistung wir zufrieden sind, ist teuer.

Fehlt das Adjektiv, kann man den Dativ nicht erkennen, da **dessen, deren** kein Artikelzeichen annehmen:

Der Motor, mit **dessen Benzinverbrauch** wir zufrieden sind, ist teuer.
(Nicht dess*em* **Benzinverbrauch!**)
(Wir sind mit **dem** Benzinverbrauch zufrieden.)

Durch die Verwendung von **welcher** kann man ein doppeltes **der** usw. vermeiden:

Der Hut, **der der** Frau gefiel, war sehr teuer.
Der Hut, **welcher der** Frau gefiel, war sehr teuer.

Das allgemeine Relativpronomen *was*

N	**was**
G	**wessen,** welcher Tatsache, (wes)
D	– **welcher Tatsache,** dem wo(r)-
A	**was** wo(r)-

a) **was** bezieht sich auf den Inhalt eines Satzes. Der Genitiv und Dativ werden in der heutigen Sprache durch **welcher Tatsache** ersetzt. **Wes** ist veraltet, **wessen** ist häufig ungebräuchlich; mit Präpositionen steht **wo(r)-:**

N Er hat die Prüfung bestanden, **was** uns sehr freut.
G Er hat die Prüfung bestanden, **welcher Tatsache** er sich gern erinnert.
                                (wessen)
D Er hat die Prüfung bestanden, **welcher Tatsache** er seine Erfolge verdankt.
A Er hat die Prüfung bestanden, **was** er allen sofort erzählte.

+*Präp.*
    Er hat die Prüfung bestanden, **wozu** wir ihm gratulieren. (zu + *Dativ*)

+Präp.
Er hat die Prüfung bestanden, **woran** er oft denkt. (an + *Akkusativ*)

b) **was** steht nach **das** und den neutralen Indefinitpronomen
etwas, alles, nichts, manches, vieles, weniges
Der seltene Dativ wird meist durch **dem** ausgedrückt.
Das ist etwas, **was** mir gar nicht gefällt.
Das ist etwas, **dem** wir dankbar sein müssen.

c) **was** steht nach neutralen Superlativen:
Das Beste, was ...
Das Schlimmste, was ...
Hier findet man auch oft *das Beste, das... usw.*

Relativadverbien

Die Relativadverbien **wo, wohin, woher** stehen

1. nach Städte- und Ländernamen:
Sie zog nach Hamburg, **wo** auch ihre Schwester wohnte.
Sie ist in Köln geboren, **woher** auch ihr Bruder stammt.

2. nach anderen Ortsbezeichnungen:
Überall, **wo** Menschen wohnen, bin ich zu Hause.
Der Flugplatz, **wo** wir uns treffen wollen, ist nicht weit.

3. nach Zeitbestimmungen:
Er ist in einem Alter, **wo** (oder: in dem) man noch viel lernen kann.

Verallgemeinernde Relativpronomen und -adverbien

wer;	wer immer;	wer... auch immer
was;	was immer;	was... auch immer
wo;	wo immer;	wo... auch immer

ähnlich **wie, wann** usw.

wer, was entsprechen den **Korrelativpronomina** (vgl. Demonstrativpronomen S. 34).

der(jenige), der (*oder:* welcher)
das(jenige), was

Die Deklination entspricht dem Interrogativpronomen **wer, was.**
In Sprichwörtern lebt noch der alte Genitiv von was: **wes.**

Beispiele: **Wer** Sorgen hat, hat auch Likör. (Derjenige, der...)
Wer es **auch immer** sei, er ist mir willkommen.
Was ich nicht weiß, macht mich nicht heiß. (Das, was...)

hot

37

Zur Hervorhebung oder zur Verdeutlichung des Kasus wird im Hauptsatz oft das Demonstrativpronomen **der** gesetzt:

N **Wer** rastet, **der** rostet.	*D* **Wem** nicht zu raten ist, **dem** ist auch nicht zu helfen.
G **Wes** Brot ich eß, **des** Lied ich sing.	*A* **Wer** immer strebend sich bemüht, **den** können wir erlösen.

wo = **wo, dort:**   Wo viel Licht ist, ist viel Schatten.
auch mit *Demonstrativadverb:* Wo viel Licht ist, **da** ist auch viel Schatten.

Reflexivpronomen (rückbezügliches Fürwort)

Das Reflexivpronomen hat nur die Formen des Dativs und Akkusativs.

	D	*A*		
Sing.				
1. Pers.	mir	mich	ich freue **mich**	ich versage **mir** den Wunsch
2. Pers.	dir	dich	du freust **dich**	du versagst **dir** den Wunsch
3. Pers.	sich	sich	er, sie, es freut **sich**	er versagt **sich** den Wunsch
Plur.				
1. Pers.	uns	uns	wir freuen **uns**	wir versagen **uns** den Wunsch
2. Pers.	euch	euch	ihr freut **euch**	ihr versagt **euch** den Wunsch
3. Pers.	sich	sich	sie freuen **sich**	sie versagen **sich** den Wunsch

sich wird immer – auch in Briefen – klein geschrieben:
    Freuen Sie sich! **Aber:** Freut Euch!

Das Reflexivpronomen kann sein:

a) fester Bestandteil des Verbs, z. B.: Ich **freue mich,** du **freust dich** usw.
                                    (*Ich freue* gibt es nicht.)
b) Ergänzung zum Verb als
    Akkusativobjekt: Ich wasche **mich.**
    Dativobjekt: Ich habe es **mir** gedacht.

Das Reflexivpronomen zur Angabe des Besitzes

Bei Körperteilen und Kleidungsstücken verwendet man anstatt des Possessivpronomens das entsprechende Reflexivpronomen im Dativ:

    Ich wasche **mir die Hände.** (= meine Hände)
    Ich ziehe **mir die Schuhe** an. (= meine Schuhe)

Das reziproke Pronomen (Fürwort der Wechselseitigkeit)

ist meist gleich dem Reflexivpronomen. Zuweilen ist es jedoch erforderlich, zur Verdeutlichung das reziproke Pronomen **einander** zu verwenden:

a) Sie nickten **sich** zu. *oder:* Sie nickten **einander** zu (= *der eine dem anderen*).

b) Sie gönnten **einander** nichts (*d. h. der eine dem anderen*).

> **aber:** Sie gönnten **sich** nichts (*kann auch bedeuten: sich selbst nichts; sie waren gegen sich selbst geizig*).

Interrogativpronomen (Fragefürwort)

Hier werden wie beim Personalpronomen der dritten Person Personen und Sachen unterschieden.

Personen	Sachen		
N wer?	was?		
G wessen?	wessen?, welcher Tatsache? u. a.		
D wem?	welchem Umstand?, welcher Tatsache? u. a.	wo(r)-	+Präp.
A wen?	was	wo(r)-	

Beispiele:

N	**Wer** hat das gesagt?	**Was** ist geschehen?
G	**Wessen** erinnert ihr euch?	**Wessen** *od.* **welcher Tatsache, welcher Worte** erinnert ihr euch?
D	**Wem** verdankt ihr das? (*...ihm, ihr*)	**Welchem Umstand** verdankt ihr das? (*...seiner, ihrer Hilfe*).
		Woran liegt es? (*An dem Wetter*).
A	**Wen** meinst du?	**Was** meinst du?
		Woran denkst du? (*An die Reise*).

Substantivisch und adjektivisch werden **welcher** und **was für ein(er)** gebraucht.

a) substantivisch und b) adjektivisch:

	m	*f*	*n*	*pl.*
N	welcher	welche	welches	welche
G	welches, welchen	welcher	welches, welchen	welcher
D	welchem	welcher	welchem	welchen
A	welchen	welche	welchen	welche

a) substantivisch:

m	f	n	pl.
was für einer	was für eine	was für eins	(was für welche)

b) adjektivisch:

was für ein	was für eine	was für ein	was für

Die Deklination von **was für ein** usw. entspricht dem unbestimmten Artikel **ein.**

Gebrauch von **welcher** und **was für ein:**

Welcher erfordert die Nennung einer **bestimmten** Sache aus einer Gruppe; in der Antwort steht der **bestimmte** Artikel. **Was für ein** fragt nach den Eigenschaften einer Sache. In der Antwort steht das Adjektiv mit dem **unbestimmten** Artikel.

Hier ist eine Auswahl von Hemden.

Welches Hemd möchten Sie?	**Was für ein** Hemd möchten Sie?
– **Das** blaue da.	– **Ein** Hemd mit langen Ärmeln und Manschetten.
In **welcher** Straße wohnst du?	In **was für einer** Straße wohnst du?
– In **der** Breiten Straße.	– In **einer** schönen breiten Straße mit Bäumen.

In Verbindung mit dem Satzband **sein** ist **welches** unveränderlich. Das fragende **welches** ist also die Entsprechung des hinweisenden **das** (vgl. das Demonstrativpronomen).

Singular	*Plural*
Welches ist mein Koffer?	**Welches** sind meine Koffer?
Welches ist deine Tasche?	**Welches** sind deine Taschen?
Welches ist sein Buch?	**Welches** sind seine Bücher?

Indefinitpronomen (unbestimmtes Fürwort)

Alle Indefinitpronomen können *alleinstehend* (substantivisch) gebraucht werden (1). Unter diesen gibt es zwei Gruppen, die auch mit einem folgenden Adjektiv oder Substantiv eine engere Verbindung eingehen können (2, 3).

	1.	1.	2.		1.	3.
Beispiele:	**irgendwer**	**etwas;**	*etwas Gutes*		**beide;**	*beide Schüler*

Die Indefinitpronomen, eingeteilt in die Gruppen 1, 2, 3:

1. *alleinstehend* (substantivisch)

der, die, das eine	irgendwer	N	jedermann	man
der eine – der andere	man	G	jedermanns	–
einer, eine, ein(e)s	welche = einige	D	jedermann	**einem**
jedermann	(welches = etwas)	A	jedermann	**einen**

Beispiele: **Irgendwer** wird es schon machen. Das ist nicht **jedermanns** Sache.
Wenn man die Hintergründe kennt, wird **einem** manches (s. 3) klar.
Hast du noch Geld? Ich habe noch **welches.**

2. *alleinstehend oder mit neutralem (substantiviertem) Adjektiv*

etwas (was)	irgend jemand	niemand	sämtlich
irgend etwas	jemand	nichts	wenig
			viel

N	etwas	nichts	jemand	niemand
G	–	–	jemand(e)s	niemand(e)s
D	etwas	nichts	jemand(em)	niemand(em)
A	etwas	nichts	jemand(en)	niemand(en)

Beispiele: etwas Gutes – nichts Gutes – irgend jemand anders – niemand
Bedeutendes – wenig Erfreuliches

N Es war **jemand anders.**
G Jedermanns Freund ist **niemands** Freund. (*Sprichwort*)
D Er sprach mit **jemand anders, jemand anderem, jemand Fremdem.**
A Wir haben **nichts Passendes.** Es war für **jemand anders, jemand Fremden.**

3. *alleinstehend oder mit folgendem Substantiv:*

all-	die meisten	ein paar	kein(er)	verschiedene
alle	ein einziger	etliche	mehrere	viele
ander-	ein jeder	irgendein(er)	manch(er)	wenige
andere	einige	irgendwelche(r)	manch einer	
beide	ein gewisser	jeder	sämtliche	

Die nach diesen Indefinitpronomen stehenden Adjektive erhalten die Endungen, die in dem Abschnitt Adjektivendungen (Seite 17) aufgeführt sind.
ein paar wird nicht dekliniert; der Genitiv wird durch **von** ausgedrückt:

N D A	**ein paar**	Bedanken Sie sich **mit ein paar** Zeilen.
G	**von ein paar**	Schon die Übersendung **von ein paar** Zeilen wird sie erfreuen.

Veraltet sind heute **jedweder** und **jeglicher. (ein) jeglicher** findet sich in der Bibelsprache.

Beispiele: **Ein jeder** Stand hat seine Last. In **mancher** Beziehung hast du recht. Er zitierte **sämtliche** Einzelheiten. **Viele** sind berufen, aber **wenige** sind auserwählt.

Einige Indefinitpronomina erscheinen in anderen Grammatiken auch in dem Abschnitt **Zahlwörter,** insbesondere: *einer, eins, ander-, beide, alle, viele, wenige.*

Numerale (Zahlwort)

Grundzahl	*Ordnungszahl*		*Grundzahl*	*Ordnungszahl*
0 null				
1 eins	1. erst-		11 elf	11. elft-
2 zwei	2. zweit-		12 zwölf	12. zwölft-
3 drei	3. dritt-		13 dreizehn	13. dreizehnt-
4 vier	4. viert-		14 vierzehn	14. vierzehnt-
5 fünf	5. fünft-		15 fünfzehn	15. fünfzehnt-
6 sechs	6. sechst-		16 sechzehn	16. sechzehnt-
7 sieben	7. siebent-, siebt-		17 siebzehn	17. siebzehnt-
8 acht	8. acht- *(nur ein -t!)*		18 achtzehn	18. achtzehnt-
9 neun	9. neunt-		19 neunzehn	19. neunzehnt-
10 zehn	10. zehnt-		20 zwanzig	20. zwanzigst-

21	ein**und**zwanzig	21.	einundzwanzigst-
22	zwei**und**zwanzig	22.	zweiundzwanzigst-
23	drei**und**zwanzig	23.	dreiundzwanzigst-
30	drei**ß**ig	30.	dreißigst-
40	vier**z**ig	40.	vierzigst-
50	fünf**z**ig	50.	fünfzigst-
60	sech**z**ig	60.	sechzigst-
70	sieb**z**ig	70.	siebzigst-
80	acht**z**ig	80.	achtzigst-
90	neun**z**ig	90.	neunzigst-
100	(ein)hundert	100.	hundertst-

Bildung der Ordnungszahlen

4–19: Kardinalzahl +**t**
20 *usw.* Kardinalzahl +**st**
Beachte: **siebt-**
acht-
Endungen wie Adjektive
Gruppe 1-3 (s. Seite 18)

200	zweihundert	200.	zweihundertst-
1 000	(ein)tausend	1 000.	tausendst-
10 000	zehntausend	10 000.	zehntausendst-
100 000	(ein)hunderttausend	100 000.	hunderttausendst-
1 000 000	eine Million	1 000 000.	millionst-

Deklination der Grundzahlen

In allen Kasus werden **eins, zwei, drei** flektiert:

ein, eine, ein (*s. unter Adjektiv, Gruppe 2*)*;* **der eine, die eine, das eine** (*s. Adjektivendungen Gruppe 1*)*;* **einer** (*wie das Demonstrativpronomen* **dieser**).

N	zwei	drei
G	zweier	dreier
D	zweien	dreien
A	zwei	drei

Auch die Zahlen von 4 – 12 nehmen besonders nach **zu** die Dativendung **-en** an: **zu zweien, zu fünfen** *usw.*

Beispiele: Die Aussagen zweier (dreier) Zeugen habe ich gelesen.
Die Aussagen dieser **zwei (drei)** Zeugen habe ich gelesen.
Sagen Sie es den dreien auch!

Gebrauch

Die **Uhrzeit** wird mit den Grundzahlen angegeben:

amtlich	*in der Umgangssprache*
1.00 ein Uhr	eins
2.10 zwei Uhr zehn	zehn (Minuten) nach zwei
2.15 zwei Uhr fünfzehn	(ein) Viertel nach zwei, ein Viertel drei
2.30 zwei Uhr dreißig	halb drei
2.45 zwei Uhr fünfundvierzig	(ein) Viertel vor drei, drei Viertel drei
2.50 zwei Uhr fünfzig	zehn (Minuten) vor drei

Die Ordnungszahlen können adjektivisch und substantivisch gebraucht werden:

Er wohnt im **zweiten** Stock.
Als **drittes** Argument möchte ich nennen...

Er ging als **Zweiter** durchs Ziel.
Man muß noch **ein Drittes** erwägen.

Sie dienen zur Bezeichnung der zeitlichen Folge bei Herrschern, Kirchenfürsten usw.:

Friedrich der **Zweite**
Ludwig der **Vierzehnte**
Papst Johannes der **Dreiundzwanzigste**

Friedrich II.
Ludwig XIV.
Johannes XXIII.

– zur Angabe des **Datums:**

Heute ist der 21. März (einundzwanzigste März) 1976
(neunzehnhundertsechsundsiebzig).

Berlin, den 19. Dezember (neunzehnten Dezember).

Merke: Am Sonntag, dem 30. November

Wiederholungszahlen: einmal, zweimal, hundertmal *usw.*
Vervielfältigungszahlen: einfach, zweifach, fünfunddreißigfach *usw.*
Distributivzahlen (Verteilungszahlen): je eine(r), je zwei, je drei, je zwanzig
usw.

Gattungszahlen: einerlei, zweierlei, zwanzigerlei *usw.*
die zwanziger Jahre   (*die Jahre von 1920 – 29*)
die sechziger Jahre   (*die Jahre von 1960 – 69*)

Gruppierungszahlen: zu zweien *usw.* (s. oben) *oder:* zu zweit, zu dritt, zu viert, zu fünft

Bruchzahlen: Sie werden aus der Ordnungszahl mit der Endung -el gebildet

$1/_1$ ein **Eintel**
$1/_2$ ein **halb**
$1/_3$ ein **Drittel**
$1/_4$ ein **Viertel**
$1/_{30}$ ein **Dreißigstel**

Die zur Aufzählung dienenden Zahladverbien bestehen aus der Ordnungszahl mit der Endung -ens:

erstens, zweitens, drittens, viertens, fünftens *usw.*

Verb (Zeitwort)

Der Infinitiv (Nennform oder Grundform) aller Verben endet auf **-en** oder **-n:** sagen, sprechen, handeln, sein.

Der Teil ohne Endung wird auch **Stamm** genannt: **sag-, sprech-** (sprich), **handel-**. Nach der Funktion der Endung unterscheidet man zwei Gruppen:

a) das infinite Verb; es ist ohne Personalendung und kann nur in wenigen Fällen selbständig gebraucht werden (z. B. **Einsteigen!** als Imperativ im Sinne von: Steigen Sie ein!).

Zu dieser Gruppe gehören:

Der Infinitiv (Präsens und Perfekt): **loben – gelobt haben**
Das I. und II. Partizip (Partizip Präsens und Partizip Perfekt): **lobend, gelobt**
Der Nezessativ (oder Gerundivum): **zu lobend**

b) das finite Verb; es hat Personalendungen, ist selbständig und kann einen Satz bilden.

Das deutsche Verb kann folgende Personalendungen annehmen (0 = *keine Endung*):

Numeri (Zahlformen)

	Singular			Plural		
1. Person	ich	-e	ich lobe	**wir**	**-en**	wir loben
2. Person	du	-st	du lobst	**ihr**	**-t**	ihr lobt
3. Person	er, sie, es	-t, -e, (0)	er lobt	**sie**	**-en**	sie loben

Der Stammausgang erfordert zuweilen die Weglassung oder die Einschaltung eines -e, z. B. du antwortest – wir handeln

Nach der Konjugation unterscheidet man

a) **schwache Verben:** sie haben in allen Formen denselben Stammvokal und im **Präteritum** und **Partizip** das Suffix **-t-:**

sagen   ich sagte   ich habe gesagt

b) **starke Verben:** sie verändern in manchen Formen den Stammvokal. Die Veränderung des Stammvokals nennt man **Ablaut;** sie haben im **Präteritum** das Suffix 0 und im **Partizip** das Suffix **-en:**

sprechen   ich sprach   ich habe gesprochen

c) **gemischte Verben:** sie haben zwei verschiedene Stammvokale und die Endungen der schwachen Verben:

nennen   ich nannte   ich habe genannt

Anmerkung: Die Ausdrücke *schwach, stark* und *gemischt* gehen auf
consideration sprachgeschichtliche Erwägungen zurück. Man kann die schwachen Verben auch als *regelmäßig* und die übrigen beiden Gruppen als *unregelmäßig* bezeichnen.

Die starken Verben teilt man nach dem Wechsel des Stammvokals in drei **Ablautgruppen:**

1) 3 Stammvokale 1 – 2 – 3: ich spreche ich sprach ich habe gesprochen
2) 2 Stammvokale 1 – 2 – 2: ich hebe   ich hob   ich habe gehoben
3) 2 Stammvokale 1 – 2 – 1: ich rate   ich riet   ich habe geraten

Merkmale der Gruppen:

1) drei verschiedene Stammvokale.
2) zwei verschiedene Stammvokale, wobei der Vokal des Präteritums gleich dem des Partizips ist.
3) zwei verschiedene Stammvokale, wobei der Vokal des Präsens gleich dem Vokal des Partizips ist.

Hilfsverben und Modalverben

Zur Bildung verschiedener Zeitstufen und des Passivs dienen **die drei Hilfsverben**

haben   sein   **werden**

Die Modalität (Art und Weise des Geschehens) wird durch **sechs Modalverben** ausgedrückt: Manner & Way

wollen sollen müssen können dürfen mögen

Vollverben können allein ohne einen anderen verbalen Zusatz stehen:

Ich spreche.   **Ich sitze.**   **Ich gehe.**

45

Alle Hilfs- und Modalverben können auch Vollverben sein:

Ich **habe** eine Wohnung (= *besitze...*). Ich denke, also **bin** ich (*existiere ich*)
Er **wird** Arzt (= *Er ergreift den Beruf eines Arztes*). Er **will** das nicht (=
wünscht...). Wir **dürfen** es (= *es ist uns erlaubt*).

Konjugation eines schwachen und eines starken Verbs

(loben—rufen)

– in allen acht **Tempora** (*Zeitstufen*).

– in den beiden **Genera** (*Handlungsweisen*) Aktiv und Passiv.

– und den drei **Modi** (*Aussageweisen*): Indikativ (Wirklichkeitsform),
  Konjunktiv (Möglichkeitsform) und Imperativ (Befehlsform).

Es gibt *zwei einfache Zeitformen* (Vollverb+Endung): **Präsens** (ich lobe)
und **Präteritum** (ich lobte), *sechs zusammengesetzte Zeitformen* (Hilfsverb+
Vollverb):

Perfekt (2. Vergangenheit)	ich **habe** gelobt; ich **bin** gekommen
Plusquamperfekt (3. Vergangenheit)	ich **hatte** gelobt; ich **war** gekommen
Futur I (erste Zukunft)	ich **werde** loben; ich **werde** kommen
Futur II (zweite Zukunft)	ich **werde** gelobt **haben**; ich **werde** gekommen **sein**
Konditional I (erste Bedingungs- form)	ich **würde** loben; ich **würde** kommen
Konditional II (zweite Bedingungs- form)	ich **würde** gelobt **haben**; ich **würde** gekommen **sein**

AKTIV

Einfache Zeiten

Indikativ Aktiv

Präsens	*Präteritum*	*Präsens*	*Präteritum*
1. ich lobe	lobte	rufe	rief
2. du lobst	lobtest	rufst	riefst
3. er lobt	lobte	ruft	rief
1. wir loben	lobten	rufen	riefen
2. ihr lobt	lobtet	ruft	rieft
3. sie loben	lobten	rufen	riefen

Konjunktiv Aktiv

Konjunktiv I	Konjunktiv II	Konjunktiv I	Konjunktiv II
1. ich lobe	lobte	rufe	riefe
2. du lobest	lobtest	rufest	riefest
3. er lobe	lobte	rufe	riefe
1. wir loben	lobten	rufen	riefen
2. ihr lobet	lobtet	rufet	riefet
3. sie loben	lobten	rufen	riefen

Imperativ Aktiv

2. lobe! lob!	ruf! rufe!
1. loben wir! laßt uns loben!	rufen wir! laßt uns rufen!
2. lobt! loben Sie!	ruft! rufen Sie!

Infinitiv

Präsens	Perfekt	Präsens	Perfekt
loben	gelobt haben	rufen	gerufen haben

Partizip

lobend	gelobt	rufend	gerufen

Zusammengesetzte Zeiten

Indikativ

Perfekt	Plusquamperfekt	Perfekt	Plusquamperfekt
1. ich habe gelobt	hatte gelobt	habe gerufen	hatte gerufen
2. du hast gelobt	hattest gelobt	hast gerufen	hattest gerufen
3. er hat gelobt	hatte gelobt	hat gerufen	hatte gerufen
1. wir haben gelobt	hatten gelobt	haben gerufen	hatten gerufen
2. ihr habt gelobt	hattet gelobt	habt gerufen	hattet gerufen
3. sie haben gelobt	hatten gelobt	haben gerufen	hatten gerufen

Futur I	Futur II	Futur I	Futur II
1. ich werde loben	werde gelobt haben	werde rufen	werde gerufen haben
2. du wirst loben	wirst gelobt haben	wirst rufen	wirst gerufen haben
3. er wird loben	wird gelobt haben	wird rufen	wird gerufen haben
1. wir werden loben	werden gelobt haben	werden rufen	werden gerufen haben
2. ihr werdet loben	werdet gelobt haben	werdet rufen	werdet gerufen haben
3. sie werden loben	werden gelobt haben	werden rufen	werden gerufen haben

Konditional I	Konditional II	Konditional I	Konditional II
1. ich würde loben	würde gelobt haben	würde rufen	würde gerufen haben
2. du würdest loben	würdest gelobt haben	würdest rufen	würdest gerufen haben
3. er würde loben	würde gelobt haben	würde rufen	würde gerufen haben
1. wir würden loben	würden gelobt haben	würden rufen	würden gerufen haben
2. ihr würdet loben	würdet gelobt haben	würdet rufen	würdet gerufen haben
3. sie würden loben	würden gelobt haben	würden rufen	würden gerufen haben

Konjunktiv

Perfekt	Plusquamperfekt
1. ich habe gelobt [gerufen]	hätte gelobt [gerufen]
2. du habest gelobt [gerufen]	hättest gelobt [gerufen]
3. er habe gelobt [gerufen]	hätte gelobt [gerufen]
1. wir haben gelobt [gerufen]	hätten gelobt [gerufen]
2. ihr habet gelobt [gerufen]	hättet gelobt [gerufen]
3. sie haben gelobt [gerufen]	hätten gelobt [gerufen]

Futur I	Futur II
1. ich werde loben [rufen]	werde gelobt [gerufen] haben
2. du werdest loben [rufen]	werdest gelobt [gerufen] haben
3. er werde loben [rufen]	werde gelobt [gerufen] haben
1. wir werden loben [rufen]	werden gelobt [gerufen] haben
2. ihr werdet loben [rufen]	werdet gelobt [gerufen] haben
3. sie werden loben [rufen]	werden gelobt [gerufen] haben

PASSIV

Man unterscheidet das Vorgangspassiv (das gewöhnliche Passiv) und das Zustandspassiv. Das erstere wird mit dem Hilfsverb **werden,** das letztere mit **sein** gebildet. Beispiel:

1. Die Türen des Museums **werden geschlossen.**

   (*Ich sehe, daß man im Begriff ist, die Türen zu schließen*).

   Der Botanische Garten **wird** bei Einbruch der Dunkelheit **geschlossen**

   (*jeden Tag zur selben Zeit; wiederholte Handlung*).

2. Die Türen des Museums **sind geschlossen.**

   (*Ich stehe davor und treffe diese Feststellung; die Handlung des Schließens ist vollendet.*)

Drei wichtige Regeln für das Passiv:

> – Das Passiv kennt nur zusammengesetzte Formen.
> – Das Vollverb steht immer im zweiten Partizip.
> – Das Passiv hat immer eine Form mehr als das Aktiv:

1. Ich lobe.	1. 2. Ich werde gelobt.
1. 2. 3. Ich werde gelobt haben.	1. 2. 3. 4. Ich werde gelobt worden sein.

Indikativ

Präsens	Präteritum
1. ich werde gelobt [gerufen]	wurde gelobt [gerufen]
2. du wirst gelobt [gerufen]	wurdest gelobt [gerufen]
3. er wird gelobt [gerufen]	wurde gelobt [gerufen]
1. wir werden gelobt [gerufen]	wurden gelobt [gerufen]
2. ihr werdet gelobt [gerufen]	wurdet gelobt [gerufen]
3. sie werden gelobt [gerufen]	wurden gelobt [gerufen]

Perfekt	Plusquamperfekt
1. ich bin gelobt [gerufen] worden	war gelobt [gerufen] worden
2. du bist gelobt [gerufen] worden	warst gelobt [gerufen] worden
3. er ist gelobt [gerufen] worden	war gelobt [gerufen] worden
1. wir sind gelobt [gerufen] worden	waren gelobt [gerufen] worden
2. ihr seid gelobt [gerufen] worden	wart gelobt [gerufen] worden
3. sie sind gelobt [gerufen] worden	waren gelobt [gerufen] worden

Futur I	Futur II
1. ich werde gelobt [gerufen] werden	werde gelobt [gerufen] worden sein
2. du wirst gelobt [gerufen] werden *usw.*	wirst gelobt [gerufen] worden sein *usw.*

Konditional I	Konditional II
1. ich würde gelobt [gerufen] werden *usw.*	würde gelobt [gerufen] worden sein *usw.*

Infinitiv

Präsens	*Perfekt*
gelobt werden	gelobt worden sein
gerufen werden	gerufen worden sein

Partizip

Nezessativ	*Perfekt*
zu lobend	gelobt
zu rufend	gerufen

Imperativ: werde (werdet, werden Sie) gelobt! (*selten, s. Zustandspassiv*)

Konjunktiv

Präsens (od. Konj. I)	*Präteritum (od. Konj. II)*
ich werde, du werdest *usw.* gelobt [gerufen]	ich würde, du würdest *usw.* gelobt [gerufen]
Perfekt	*Plusquamperfekt*
ich sei, du seiest *usw.* gelobt [gerufen] worden	ich wäre, du wärest *usw.* gelobt [gerufen] worden
Futur I	*Futur II*
ich werde, du werdest *usw.* gelobt [gerufen] werden	ich werde, du werdest *usw.* gelobt [gerufen] worden sein

Zustandspassiv

Infinitiv		Partizip	
Präsens	geschädigt sein	*Präsens*	—
Perfekt	geschädigt gewesen sein	*Perfekt*	geschädigt (gewesen)

Imperativ

sei (seid, seien Sie) geschädigt!

Am gebräuchlichsten ist das Zustandspassiv im Präsens und im Präteritum, kommt jedoch zuweilen auch in anderen Zeiten vor. Das Vollverb erscheint nur im 2. Partizip: **gelobt, gerufen** *usw.*

Indikativ	Konjunktiv
Präsens: *injured* ich bin geschädigt	*(Konj. I)* ich sei geschädigt
Präteritum: ich war geschädigt	*(Konj. II)* ich wäre geschädigt
Perfekt: ich bin geschädigt gewesen	ich sei geschädigt gewesen
Plusquamperfekt: ich war geschädigt gewesen	ich wäre geschädigt gewesen
Futur I: ich werde geschädigt sein	ich werde geschädigt sein
Konditional: ich würde geschädigt sein	—

Hilfsverben

Infinitiv

Präsens	*Perfekt*
haben	gehabt haben
sein	gewesen sein
werden	geworden sein

Partizip

Präsens	*Perfekt*
habend	gehabt
seiend	gewesen
werdend	geworden

Imperativ	habe! hab! habt! haben Sie!	sei! seid! seien Sie!	werde! werdet! werden Sie!

Präsens	**Indikativ**		**Konjunktiv** (*od. Konjunktiv I*)		
ich habe	bin	werde	ich habe	sei	werde
du hast	bist	wirst	du habest	sei(e)st	werdest
er hat	ist	wird	er habe	sei	werde
wir haben	sind	werden	wir haben	seien	werden
ihr habt	seid	werdet	ihr habet	seiet	werdet
sie haben	sind	werden	sie haben	seien	werden

Präteritum	Indikativ			Konjunktiv (od. Konjunktiv II)		
ich hatte	war	wurde		ich hätte	wäre	würde
du hattest	warst	wurdest		du hättest	wärest	würdest
er hatte	war	wurde		er hätte	wäre	würde
wir hatten	waren	wurden		wir hätten	wären	würden
ihr hattet	wart	wurdet		ihr hättet	wäret	würdet
sie hatten	waren	wurden		sie hätten	wären	würden

Perfekt **Indikativ**

ich habe gehabt	ich bin gewesen	ich bin geworden
du hast gehabt	du bist gewesen	du bist geworden
er hat gehabt	er ist gewesen	er ist geworden
wir haben gehabt	wir sind gewesen	wir sind geworden
ihr habt gehabt	ihr seid gewesen	ihr seid geworden
sie haben gehabt	sie sind gewesen	sie sind geworden

Perfekt **Konjunktiv**

ich habe gehabt	ich sei gewesen	ich sei geworden
du habest gehabt	du seiest gewesen	du seiest geworden
usw.	*usw.*	*usw.*

Plusquamperfekt **Indikativ**

ich hatte gehabt	ich war gewesen	ich war geworden
du hattest gehabt	du warst gewesen	du warst geworden
er hatte gehabt	er war gewesen	er war geworden
wir hatten gehabt	wir waren gewesen	wir waren geworden
ihr hattet gehabt	ihr wart gewesen	ihr wart geworden
sie hatten gehabt	sie waren gewesen	sie waren geworden

Plusquamperfekt **Konjunktiv**

ich hätte gehabt	ich wäre gewesen	ich wäre geworden
usw.	*usw.*	*usw.*

Futur I	**Indikativ**		**Konjunktiv**
ich werde haben	ich werde sein	ich werde werden	ich werde haben [sein, werden]
du wirst haben	du wirst sein	du wirst werden	du werdest haben [sein, werden]
usw.	*usw.*	*usw.*	*usw.*

52

Futur II **Indikativ**

ich werde gehabt haben du wirst gehabt haben *usw.*	werde gewesen sein wirst gewesen sein *usw.*	werde geworden sein wirst geworden sein *usw.*

Futur II **Konjunktiv**

ich werde gehabt haben du werdest gehabt ha- ben *usw.*	werde gewesen sein werdest gewesen sein *usw.*	werde geworden sein werdest geworden sein *usw.*

Konditional I

ich würde haben *usw.*	würde sein *usw.*	würde werden *usw.*

Konditional II

ich würde gehabt haben *usw.*	würde gewesen sein *usw.*	würde geworden sein *usw.*

Die **Modalverben** sind in der Liste der starken Verben an alphabetischer
Stelle angeführt.

Das Hilfszeitwort ,,haben'' oder ,,sein'' in den zusammengesetzten Zeiten des Aktivs

a) Mit **haben** werden gebildet:

- **transitive Verben:** Ich **habe** das Buch **gelesen.** Er **hat** das Auto **gefahren.**
- **alle reflexiven Verben:** Er **hat sich gefreut.** Wir **haben uns geirrt.**
- **eine Reihe intransitiver Verben,** die nicht unter b) fallen:
  Ich **habe** lange **geschwommen.** Die Blume **hat** einen Monat **geblüht.**

b) Mit **sein** werden gebildet: **alle intransitiven Verben,**

- die eine gerichtete Bewegung,   Ich **bin** an das Ufer **geschwommen.**
- den Beginn einer Handlung (⊢),   Das Wasser **ist** ins Zimmer **ge-**
  schossen. Die Blume **ist erblüht.**
- das Ziel einer Handlung (→)   Die Blume **ist verblüht.**
  bezeichnen.

Durch die Regeln können nicht alle Verben erfaßt werden. Auskunft über
das Hilfsverb geben die Wörterbücher. Nachstehend einige wichtige Verben,

die mit **sein** verbunden werden: **bleiben, fahren, fallen, gehen, gelingen gleiten, genesen, geschehen, kriechen, laufen, rennen, schreiten, springen steigen, sterben, wachsen.** (*Formen s. a. S. 46*)

Imperativisch gebrauchte Verbformen

Neben dem eigentlichen Imperativ werden folgende Verbformen imperativisch gebraucht:

der **Infinitiv**:   Aufstehen! Bitte einsteigen!

das **zweite Partizip** (*sehr scharf*):   Still gestanden! Rauchen verboten

die **zweite Person Präsens** (Singular und Plural):

Geh 'du voran! 'Du gehst voran! 'Gehst du endlich! Geht 'ihr doch!
Wollt ihr endlich gehen! Ihr sollt gehen! Wollen Sie endlich gehen!

die **erste Person Plural**:

Gehen wir! Wollen wir endlich gehen!

Partizipien (Mittelwörter)

Das Partizip Präsens ist immer aktivisch und wird gebraucht:

– **adverbial**:   Lach**end** ging er davon.

– **adjektivisch** (*sehr oft*):   mit lach**end**em Gesicht

– **substantivisch** (*sehr oft*):   der Reis**ende**, die Reis**ende**;
                                die Geh**enden**, die Seh**enden**

Der Nezessativ **zu ...end** ist immer passivisch und drückt die Modalität der Notwendigkeit aus:

attributiv: die noch **zu leistende** Arbeit (= *die noch geleistet werden muß*)
die **Auszubildenden** (= *die [jungen Leute], die ausgebildet werden müssen*)

Das Partizip Perfekt ist aktivisch und passivisch:

a) passivisch von transitiven Verben. Es wird gebraucht:

adjektivisch   Wir führen nur **ausgesuchte** Ware. (= *besonders gut*)

adverbial   Es sind **ausgesucht** schöne Früchte. (= *sehr schöne*)

verbal   Gefallen Ihnen die von uns **ausgesuchten** Bücher? (= *die wir ausgesucht haben*).

Aktivischen Sinn haben: gelernt, studiert: ein **studierter** Mann.

54

b) aktivisch von intransitiven Verben, die perfektiv sind (s. Aspekte):

verbal   die gestern **eingetroffenen** Waren (= *die gestern eingetroffen sind*).

die durch Luftverschmutzung **entstandenen** Schäden (= *die durch Luftverschmutzung entstanden sind*).

von reflexiven Verben, **adjektivisch (auch substantiviert)**:

der **betrunkene** Fahrer, der **Betrunkene** (= *der sich betrunken hat*)

Das **zweite Partizip** wird nur dann mit dem Formelement ge- versehen, wenn
a) die Stammsilbe des präfixlosen Verbs oder
b) das Präfix des Verbs betont ist:

zu a) 'sagen: **gesagt**	zu b) 'ansagen: '**angesagt**
'rufen: **gerufen**	'anrufen: '**angerufen**

Ist hingegen
a) die Stammsilbe eines präfigierten Verbs oder
b) die Endung eines präfixlosen Verbs betont, steht **kein ge-**:

zu a) er'bauen: **erbaut**   zu b) stu'dieren: **studiert**

Verbalpräfixe (Vorsilben bei Zeitwörtern)

a) Unbetonte Präfixe (Vorsilben) sind **untrennbar**;
b) betonte Präfixe sind **trennbar**;
c) einige Präfixe können sowohl trennbar als auch untrennbar sein.

zu a) **be-, emp-, ent-, er-, ge-, ver-, voll-, zer-** (*ohne ge-*!)
zu b) ab-, abwärts-, an-, auf-, aufwärts-, aus-, bei-, da-, daran-, darauf-, draußen-, ein-, einander-, empor-, entgegen-, entlang-, fort-, für-, gegenüber-, gleich-, her-, hier-, hin-, los-, mit-, nach-, vor-, weg-, wider-, zu-, zurück-, zusammen-, zwischen- (*mit ge-*!)
zu c) durch-, hinter-, miß-, über-, um-, unter-, wieder-.

Für die einfachen Zeiten gilt die Regel:

> Im Nebensatz ist das Präfix in allen Gruppen untrennbar.

zu a) Er **erzählt** viel. Er hat viel **erzählt**. Ich weiß, **daß** er viel **erzählt**.
                                                    daß er viel **erzählt hat**.

zu b) Er **zählt** seine Verdienste **auf**.   Ich weiß, **daß** er seine Verdienste **aufzählt**.

Er hat seine Verdienste aufgezählt. Ich weiß, **daß** er seine Verdienste aufgezählt hat.

zu c) Der Akzent entscheidet über die Trennbarkeit: Die betonte Vorsilbe ist trennbar, die unbetonte untrennbar. Beispiel:

'übersetzen: Ich setze mit der Fähre 'über. Wir haben 'übergesetzt.

über'setzen: Ich übersetze aus dem Englischen ins Deutsche.

Ich habe den Satz **übersetzt.**

Man unterscheide diese beiden Konstruktionen von dem Verb mit der Präposition **über**: setzen 'über: Ich **setze über** den Fluß. Ich habe **über** den Fluß **gesetzt.**

Aspekte und Aktionsarten

Neben der Andeutung der Zeitstufe gibt das deutsche Verb auch durch verschiedene Mittel einen Hinweis auf den Aspekt. Die Mittel sind bisher nicht in ein grammatisches System gebracht worden, sondern müssen lexikalisch gelernt werden. Setzt man den Aspekt, d. h. die Betrachtungsweise, ob ein **Vorgang gerade abläuft oder vollendet** ist, als Oberbegriff, dann läßt sich folgendes Schema aufstellen:

Aspekt

imperfektiv (unvollendet od. *durativ)*   *perfektiv (vollendet)*

Aktionsarten		Aktionsarten	
andauernde (durative) Handlung	(——)	einmalige (punktuelle) Handlung	(.)
wiederholte andauernde Handlung	(– – –)	wiederholte einmalige Handlung	(...)
allmählich beginnende Handlung	(<)	plötzlich beginnende Handlung	(⊢)
		vollendete (resultative) Handlung	(⊣)
		wiederholte vollendete Handlung	(– – –)

Es gibt Verbpaare, die sich lediglich durch den Aspekt, also nicht in der Bedeutung unterscheiden, z. B.

durativ:	bauen	lernen	buchen
perfektiv:	**er**bauen	**er**lernen	**ver**buchen

56

Im allgemeinen wird jedoch durch die perfektivierenden Präfixe auch die Bedeutung des Verbs verändert:

Die Kerze **brennt** (—).	Das Haus brennt **ab** (→).	Das Papier **ver**brennt(→).
Die Blume **blüht** (—).	Die Blume **er**blüht (<).	Die Blume **ver**blüht (→).
Der Junge **rennt** (—).	Der Junge rennt **los** (⊢—).	
Das Kind **ißt** (—).		Das Kind ißt alles **auf** (→).

Die Ausdrucksmittel der Aspekte sind

a) **Präfixe** (Beispiele s. oben)

b) **Präpositionen:** Ich freue mich **an** dem Geschenk (—).
Ich freue mich **über** das Geschenk (.).

c) **Konjunktionen:** Ich freute mich **(immer), wenn** er kam (...).
Ich freute mich, **als** er kam (.).

d) **Verbformen im Passiv** (Beispiele siehe Passiv)

e) **Wortgruppen und adverbiale Ausdrücke:**
Ich war dabei, Essen zu kochen (—).
Ich war (gerade) mit dem Essenkochen **fertig** (→.).

Liste der starken und gemischten Verben in alphabetischer Reihenfolge

Es werden gegeben: Infinitiv – Präteritum – 2. Partizip – wenn nötig, die 1. Person Präsens | die 2. Person Präsens – Konjunktiv Präteritum (Konjunktiv II) – wenn nötig, der Imperativ.

backen	backte (buk)	gebacken	/ich backe, du bäckst/	backte (büke)	
befehlen	befahl	befohlen	/ich befehle, du befiehlst/	beföhle	befiehl!
beginnen	begann	begonnen		begönne	
beißen	biß	gebissen	/du beiß(es)t/	bisse	
bergen	barg	geborgen	/ich berge, du birgst/	bärge	birg!
bersten	barst	ist geborsten	/ich berste, du birst/	bärste	birst!
bewegen	bewog	bewogen		bewöge	
biegen	bog	gebogen		böge	
bieten	bot	geboten		böte	
binden	band	gebunden		bände	
bitten	bat	gebeten		bäte	
blasen	blies	geblasen	/ich blase, du bläst/	bliese	
bleiben	blieb	ist geblieben		bliebe	
braten	briet	gebraten	/ich brate, du brätst/	briete	
brechen	brach	gebrochen	/ich breche, du brichst/	bräche	brich!
brennen	brannte	gebrannt		brennte	
bringen	brachte	gebracht		brächte	
denken	dachte	gedacht		dächte	
dingen	dang	gedungen		dänge	
dreschen	drosch	gedroschen	/ich dresche, du drischst/	drösche	drisch!
dringen	drang	gedrungen		dränge	
dünken	deuchte	gedeucht	/mich dünkt, dich dünkt/		
dürfen	durfte	gedurft	/ich darf, du darfst/	durfte	
empfehlen	empfahl	empfohlen	/ich empfehle, du empfiehlst/	empföhle	empfiehl!
erbleichen	erblich	ist erblichen		erbliche	
erkiese	erkor	erkoren		erköre	

erlöschen	erlosch	ist erloschen	/ich erlösche, du erlischst/	erlösche	erlisch!
erschrecken	erschrak	erschrocken	/ich erschrecke, du erschrickst/	erschräke	erschrick!
essen	aß	gegessen	/ich esse, du ißt/	äße	iß!
fahren	fuhr	(ist) gefahren	/ich fahre, du fährst/	führe	
fallen	fiel	ist gefallen	/ich falle, du fällst/	fiele	
fangen	fing	gefangen	/ich fange, du fängst/	finge	
fechten	focht	gefochten	/ich fechte, du fichtst/	föchte	ficht!
finden	fand	gefunden		fände	
flechten	flocht	geflochten	/ich flechte, du flichtst/	flöchte	flicht!
fliegen	flog	(ist) geflogen		flöge	
fliehen	floh	ist geflohen		flöhe	
fließen	floß	ist geflossen		flösse	
fressen	fraß	gefressen	/ich fresse, du frißt/	fräße	
frieren	fror	ist gefroren		fröre	
gären	gor	ist, hat gegoren		göre (gärte)	
gebären	gebar	ist geboren	/ich gebäre, du gebierst/	gebäre	gebier!
geben	gab	gegeben	/ich gebe, du gibst/	gäbe	gib!
gedeihen	gedieh	ist gediehen		gediehe	
gehen	ging	ist gegangen		ginge	
gelingen	es gelang	ist gelungen	/es gelingt/	es gelänge	
gelten	galt	gegolten	/ich gelte, du giltst/	gölte	gilt!
genesen	genas	ist genesen		genäse	
genießen	genoß	genossen		genösse	
geschehen	es geschah	ist geschehen	/es geschieht/	es geschähe	
gewinnen	gewann	gewonnen		gewönne	
gießen	goß	gegossen		gösse	
gleichen	glich	geglichen		gliche	
gleiten	glitt	ist geglitten		glitte	
glimmen	glomm	geglommen		glömme	
graben	grub	gegraben	/ich grabe, du gräbst/	grübe	
greifen	griff	gegriffen		griffe	

haben	hatte	gehabt	/ich habe, du hast/	hätte
halten	hielt	gehalten	/ich halte, du hältst/	hielte
hängen	hing	gehangen		hinge
hauen	(hieb) haute	gehauen		(hiebe) haute
heben	hob	gehoben		höbe
heißen	hieß	geheißen	/du heiß(es)t/	hieße
helfen	half	geholfen	/ich helfe, du hilfst/	hülfe hilf!
kennen	kannte	gekannt		kennte
klimmen	klomm	ist geklommen		klömme
klingen	klang	geklungen		klänge
kneifen	kniff	gekniffen		kniffe
kommen	kam	ist gekommen		käme
können	konnte	gekonnt	/ich kann, du kannst/	könnte
kriechen	kroch	ist gekrochen		kröche
laden	lud	geladen	/ich lade, du lädst/	lüde
lassen	ließ	gelassen	/ich lasse, du läßt/	ließe
laufen	lief	ist gelaufen	/ich laufe, du läufst/	liefe
leiden	litt	gelitten		litte
leihen	lieh	geliehen		liehe
lesen	las	gelesen	/ich lese, du liest/	läse lies!
liegen	lag	gelegen		läge
lügen	log	gelogen		löge
meiden	mied	gemieden		miede
melken	melkte	gemolken		melkte
messen	maß	gemessen	/ich messe, du mißt/	mäße miß!
mißlingen	es mißlang	ist mißlungen	/es mißlingt/	es mißlänge
mögen	mochte	gemocht	/ich mag, du magst/	möchte
müssen	mußte	gemußt	/ich muß, du mußt/	müßte
nehmen	nahm	genommen	/ich nehme, du nimmst/	nähme nimm!
nennen	nannte	genannt		nennte

pfeifen	pfiff	gepfiffen		pfiffe	
pflegen	pflog (pflegte)	gepflogen		pflöge (pflegte)	
preisen	pries	gepriesen		pries	
quellen	quoll	gequollen	/ich quelle, du quillst/	quölle	quill!
raten	riet	geraten	/ich rate, du rätst/	riete	
reiben	rieb	gerieben		riebe	
reißen	riß	gerissen		risse	
reiten	ritt	(ist) geritten		ritte	
rennen	rannte	ist gerannt		rennte	
riechen	roch	gerochen		röche	
ringen	rang	gerungen		ränge	
rinnen	rann	ist geronnen		ränne	
rufen	rief	gerufen		riefe	
saufen	soff	gesoffen	/ich saufe, du säufst/	söffe	
saugen	sog (saugte)	gesogen (gesaugt)		söge	
schaffen	schuf	geschaffen		schüfe	
scheiden	schied	geschieden		schiede	
scheinen	schien	geschienen		schiene	
schelten	schalt	gescholten	/ich schelte, du schiltst/	schölte	schilt!
scheren	schor	geschoren		schöre	
schieben	schob	geschoben		schöbe	
schießen	schoß	geschossen		schösse	
schinden	schund	geschunden		schünde	
schlafen	schlief	geschlafen	/ich schlafe, du schläfst/	schliefe	
schlagen	schlug	geschlagen	/ich schlage, du schlägst/	schlüge	
schleichen	schlich	ist geschlichen		schliche	
schleifen	schliff	geschliffen		schliffe	
schleißen	schliß	geschlissen		schlisse	
schließen	schloß	geschlossen		schlösse	
schlingen	schlang	geschlungen		schlänge	
schmeißen	schmiß	geschmissen		schmisse	
schmelzen	schmolz	geschmolzen	/ich schmelze, du schmilzt/	schmölze	schmilz!
schneiden	schnitt	geschnitten		schnitte	
(schrecken	schrak	geschrocken	/ich schrecke, du schrickst/	schräke	schrick!)

schreiben	schrieb	geschrieben		schriebe
schreien	schrie	geschrie(e)n	/ich schreie, du schreist; du schrie(e)st/	schriee	schrei(e)
schreiten	schritt	ist geschritten		schritte
schweigen	schwieg	geschwiegen		schwiege
schwellen	schwoll	ist geschwollen	/ich schwelle, du schwillst/	schwölle	schwill!
schwimmen	schwamm	geschwommen		schwömme
schwinden	schwand	ist geschwunden		schwände
schwingen	schwang	geschwungen		schwänge
schwören	schwor	geschworen		schwöre
sehen	sah	gesehen	/ich sehe, du siehst/	sähe	sieh(e)!
sein	war	ist gewesen	/ich bin, du bist/	wäre	sei, seid
senden	sandte, sendete	gesandt, gesendet		sendete
sieden	sott	gesotten		sötte
singen	sang	gesungen		sänge
sinken	sank	ist gesunken		sänke
sinnen	sann	gesonnen		sänne
sitzen	saß	gesessen		säße
sollen	sollte	gesollt		sollte
speien	spie	gespie(e)n	/du speist, du spie(e)st/	spiee
spinnen	spann	gesponnen		spönne
sprechen	sprach	gesprochen	/ich spreche, du sprichst/	spräche	sprich!
sprießen	sproß	ist gesprossen		sprösse
springen	sprang	gesprungen		spränge
stechen	stach	gestochen	/ich steche, du stichst/	stäche	stich!
stecken	(stak) steckte	gesteckt		(stäke) steckte
stehen	stand	gestanden		stände
stehlen	stahl	gestohlen	/ich stehle, du stiehlst/	stähle	stiehl!
steigen	stieg	ist gestiegen		stiege
sterben	starb	ist gestorben	/ich sterbe, du stirbst/	stürbe	stirb!
stieben	stob	(ist) gestoben		stöbe
stinken	stank	gestunken		stänke
stoßen	stieß	gestoßen	/ich stoße, du stößt/	stieße

streichen	strich	gestrichen		striche	
streiten	stritt	gestritten		stritte	
tragen	trug	getragen	/ich trage, du trägst/	trüge	
treffen	traf	getroffen	/ich treffe, du triffst/	träfe	triff!
treiben	trieb	getrieben		triebe	
treten	trat	getreten	/ich trete, du trittst/	träte	tritt!
triefen	troff	getrieft		tröffe	
trinken	trank	getrunken		tränke	
trügen	trog	getrogen		tröge	
tun	tat	getan	/ich tu(e), du tust/	täte	
verderben	verdarb	verdorben	/ich verderbe, du verdirbst/	verdürbe	verdirb!
verdrießen	verdroß	verdrossen		verdrösse	
vergessen	vergaß	vergessen	/ich vergesse, du vergißt/	vergäße	vergiß!
verlieren	verlor	verloren		verlöre	
wachsen	wuchs	ist gewachsen	/ich wachse, du wächst/	wüchse	
waschen	wusch	gewaschen	/ich wasche, du wäschst/	wüsche	
weben	wob	gewoben		wöbe	
weichen	wich	ist gewichen		wiche	
weisen	wies	gewiesen		wiese	
wenden	wandte, wendete	gewandt, gewendet		wendete	
werben	warb	geworben	/ich werbe, du wirbst/	würbe	wirb!
werden	wurde	ist geworden	/ich werde, du wirst/	würde	
werfen	warf	geworfen	/ich werfe, du wirfst/	würfe	wirf!
wiegen	wog	gewogen		wöge	
winden	wand	gewunden		wände	
wissen	wußte	gewußt	/ich weiß, du weißt/	wüßte	
wollen	wollte	gewollt	/ich will, du willst/	wollte	
wringen	wrang	gewrungen		wränge	
zeihen	zieh	geziehen		ziehe	
ziehen	zog	gezogen		zöge	
zwingen	zwang	gezwungen		zwänge	

Präpositionen (Verhältniswörter)

Die Präposition (*wörtlich Vor-stellung*) steht meist vor dem Substantiv. Einige „Präpositionen" können im Deutschen auch dem Substantiv folgen (*wegen, nach, zufolge*); genauer müßte man diese als Postpositionen bezeichnen. Eine dritte Gruppe umrahmt das Substantiv, besteht also aus Präposition und Postposition. (Man könnte sie als „Zirkumposition" bezeichnen: um ... willen, von ... her):

> **wegen** des Regens   des Regens **wegen**   **um** des Kindes **willen**.

Die meisten Präpositionen werden mit dem Genitiv verbunden; viele davon gehören dem Kanzleistil oder der gehobenen Sprache an. Die letzteren werden weit seltener gebraucht als die Präpositionen mit dem Dativ oder Akkusativ.

mit dem Genitiv:

---

auf Grund (aufgrund), entlang, halber, längs, statt, anstatt, an Stelle (anstelle), trotz (*s. a. Dativ*), **während, wegen** (*auch:* ... wegen), **um ... willen**.

Kanzleistil:

---

anläßlich, betreffs, gelegentlich, infolge, hinsichtlich, kraft, laut, mittels, seitens, ungeachtet, vermöge, zufolge (*besser Dativ*), **oberhalb, unterhalb, innerhalb, außerhalb, diesseits, jenseits, einschließlich, ausschließlich, zuzüglich, vorbehaltlich, binnen** (*meist Dativ*), **dank** (*besser Dativ); veraltet* **ob** (= wegen)

Anmerkungen: trotz *mit Dativ beginnt zu veralten.*

Steht nach **laut, ausschließlich, einschließlich, zuzüglich** das Substantiv ohne Artikel, so nimmt das Substantiv **kein -s** an; im Plural erhält das Substantiv das Dativ **-n**:

> **laut Vertrag; einschließlich Porto; laut** Berichten (*aber:* **laut** mündlicher Berichte); **einschließlich** Gläsern (*aber:* **einschließlich** der Gläser).

mit dem Dativ:

---

ab, aus, aus... heraus, außer, bei, binnen, dank, entgegen (*a.* ... entgegen), ... **entlang, gegenüber,** (*auch:* ... gegenüber), **gemäß** (*auch:* ... gemäß), **mit, nach,** ... **nach, seit, von, von...,** **von... aus, von...her, zu,** ... **zufolge,** ... **zuwider, bis zu;** *veraltend:* **trotz**

Besonders in der älteren Sprache sind noch gebräuchlich: **nächst** (= *nahe bei, nach*), **nebst** (= *und*), **samt** (= *mit*).

ab   steht meist ohne Artikel in der Handelssprache: **ab Fabrik, ab Werk; ab** unserem Werk, **ab** nächstem Herbst
(*bei Zeitangaben auch Akkusativ:* ab nächsten Herbst)

nach in der Bedeutung von **gemäß** steht oft hinter dem Substantiv:
    meiner Meinung **nach**   allem Anschein **nach**   *~ anscheind: apparently*
    gemäß Artikel X   **dem** Vertrag **gemäß, gemäß** (dem) Vertrag

mit dem Akkusativ:

    concerning

> **durch,** *mst.* ... **entlang, für, gegen, ohne, (...) betreffend, um**

Veraltet sind **sonder** (= ohne) und **wider** (= gegen).
betreffend: unser Schreiben **betreffend** die Lieferung der Waren *oder*
    unser Schreiben die Lieferung der Waren **betreffend.**

mit dem Dativ oder Akkusativ

> **an, auf, in, hinter, neben, über, unter, vor, zwischen**

Der Dativ steht auf die Frage **wo** oder **wann**; der Akkusativ auf die Frage **wohin** (gerichtete Bewegung):

Ort: *Dativ* ⊙   *Akkusativ* (→)

Das Buch liegt **auf dem** Tisch.   Ich lege das Buch **auf den** Tisch.
Das Flugzeug fliegt **über der** Stadt   Das Flugzeug fliegt **über die** Stadt
bleibt über dem Stadtgebiet).   (*fliegt ein und verläßt das Stadtge-*
                                    biet wieder).

Zeit:
In diesem Sommer regnet es oft.

Konjunktionen (Bindewörter)

Man unterscheidet zwei Gruppen:
a) nebenordnende oder koordinierende und
b) unterordnende oder subordinierende.

Nebenordnende Konjunktionen verbinden Wörter, Wortgruppen, Hauptsätze oder gleichartige Nebensätze miteinander.

Unterordnende Konjunktionen leiten Nebensätze ein und verbinden Haupt- und Nebensatz zu einem Satzgefüge. Sie bewirken, daß das finite Verb an das Ende des Satzes tritt.

Zwei Hauptsätze   *Hauptsatz und Nebensatz*

a) Die Wege sind verschlammt; **denn**   b) Die Wege sind verschlammt, **weil** es
es **hat** den ganzen Tag geregnet.   den ganzen Tag geregnet **hat.**
Ich **wollte** gerade die Nachrichten   Ich wollte gerade die Nachrichten
hören, **da klingelte** das Telefon.   hören, **als** das Telefon **klingelte.**

news

Einige **nebenordnende** Konjunktionen lassen die normale Wortfolge beste-
hen, d. h. das Verb rückt in die dritte Stelle: … denn es **hat** den ganzen Tag
geregnet. Dagegen: … da **klingelte** das Telefon.

Über den Wörtern: "1 2 3" (erste Zeile), "1 2" (zweite Zeile)

Diese Konjunktionen sind:

und   auch   oder   aber   allein
denn   sondern
nicht nur… sondern auch   sowohl… als auch

Viele der nebenordnenden Konjunktionen wie **also, mithin, folglich** *usw.*
werden auch als **Konjunktionaladverbien** bezeichnet. Man kann die Kon-
junktionen nach den Kategorien der Anreihung, des Gegensatzes usw.
ordnen.

Vergleichende Tabelle der nebenordnenden (I.) und unterordnenden (II.)
Konjunktionen

a) **anreihende** (Es gibt nur nebenordnende.)
und / nicht nur… sondern auch / sowohl… als auch / auch / zudem /
außerdem / dazu / desgleichen / ebenfalls / endlich / ferner / ja / weiter /
schließlich / zuerst… zuletzt / bald… bald / einerseits… andererseits /
halb… halb / teils… teils / weder… noch / erstens… zweitens… drittens

b) **ausschließende (disjunktive)** (*nur nebenordnende*)
oder / entweder… oder.

I. nebenordnende Konjunktionen	**II. unterordnende Konjunktionen**
c) **entgegenstellende (adversative)** aber, sondern, allein, dagegen, doch, dennoch, indessen, nichts- destoweniger, nur, vielmehr	während, wogegen
d) **bedingende (konditionale)** sonst, anderenfalls	wenn, sofern; im Falle, daß; falls, wofern
e) **begründende (kausale)** denn, nämlich, ja, doch	weil, da, zumal (da)
f) **zeitliche (temporale)** dann, seitdem, darauf, zuvor	als, während, bevor, solange, wenn, sooft, ehe, seit, nachdem, wie, bis, seitdem
g) **folgernde (konsekutive)** also, daher, darum, demnach, deshalb, deswegen, folglich, infolgedessen, mithin, somit, sonach	so daß so…, daß zu…, als daß

h) zweckanzeigende (finale) darum, dazu	damit; um ... zu; daß, *veraltet:* auf daß
i) einräumende (konzessive) zwar..., aber; trotzdem	obgleich, obwohl, wenngleich, obschon, obzwar, wenn... auch
j) der Art und Weise (modale) so, auf diese Weise	indem
k) das Mittel anzeigende (instrumentale) damit, dadurch, so	dadurch, daß; indem
l) vergleichende (komparative) so... wie, ebenso, genauso, wie, als	wie, so... wie, als ob, als wenn, wie wenn
m) des Verhältnisses (proportionale) umso, desto	je... desto, je... umso
n) einschränkende (restriktive) (in)sofern, (in)soweit	inwiefern, (in)soweit, (in)sofern, nur daß (*s. a. bedingende*)
o) verneinende (negierende) aber... nicht, nicht... sondern, geschweige denn	ohne daß, ohne... zu, (an)statt daß, (an)statt zu
p) zur Einleitung von Subjekt- und Objektsätzen sowie indirekten Fragesätzen	daß, ob wer, was, wo, woher, wohin, wann, wie, warum

nachdem erfordert eine bestimmte Zeitenfolge:
Nachdem er das **gehört hat** (*Perfekt*), **reist** er nicht (*Präsens*).
                              wird er nicht reisen (*Futur*).
Nachdem er das **gehört hatte** (*Plusquamperfekt*), **reiste** er nicht (*Präteritum*).
Nach **als ob** usw. steht der Konjunktiv II (oder seltener Konjunktiv I):
Er tat so, **als ob** er alles **verstünde** (als verstehe er alles).

Subjekt- und Objektsätze

Der **daß-Satz** kann Subjekt oder Objekt sein:
Subjekt: Es ist möglich, **daß er kommt.** (= *sein Kommen ist möglich*).
Objekt: Ich weiß bestimmt, **daß er kommt.** (= *Ich weiß sein Kommen*).
ob steht nach Verben wie *nicht wissen, zweifeln* usw.:
Ich weiß nicht, **ob** er kommt. Ich zweifle, **ob** er kommt.
Aber: Ich weiß, **daß** er kommt.

Indirekte Fragesätze

Ich weiß nicht, **was** er ist, **wer** er ist, **woher** er kommt, **wann** er hierher gekommen ist, **wo** er wohnt, **wie** er sich ernährt, **warum** er überhaupt da ist.

67

Attribut (Beifügung)

Das Attribut ist eine Ergänzung oder nähere Bestimmung zu einem Sub-
stantiv, Adjektiv, Partizip, Adverb und (selten) zu einem Personalpronomen.
Das Attribut ist also **einem einzelnen Wort beigefügt.** Aus der folgenden
Übersicht erhellt die Stellung und die geläufigste Betonung des Attributs.
Das Attribut ist

1. **ein Adjektiv** (*unbetont*)   das **väterliche** 'Haus
2. a) **ein Substantiv im Genitiv** (*betont*)   das Haus **des 'Vaters**
   b) **ein Substantiv im Genitiv** (*unbe-*
      tont bei Namen und dichterisch)   **Vaters 'Haus**
3. **ein präpositionaler Ausdruck**   das Haus **im 'Garten**
   (*betont*)   Mangel **an 'Arbeitskräften,**
                                                                      an 'Mut
4. **ein Adverb** (*betont*)

   a) vor einem Adjektiv   ein **'sehr** gutes Buch
   b) vor einem Adverb (*betont oder*   Er schreibt **'sehr** gut.
      unbetont)   (... **sehr** 'gut)
   c) vor einem Adjektiv oder Partizip   Das Meer **ist ganz** 'ruhig.
      in prädikativer Stellung (*meist*   Er **ist** dort **gut** be'kannt.
      unbetont)

Gebrauch des Infinitivs (der Nennform)

Man unterscheidet **den reinen Infinitiv** oder **den Infinitiv ohne zu** und **den
Infinitiv mit zu.** Die Konjunktion **zu** kann man auch als **den Artikel des
Verbs** (Verbartikel) betrachten, so daß sich wie beim Substantiv eine Gliede-
rung in den Infinitiv mit Artikel und den artikellosen Infinitiv ergibt.

zu verknüpft den Infinitiv

a) *mit einem Substantiv:* Ich habe die **Absicht,** morgen nach München **zu**
                                             fahren.
b) *mit einem Adjektiv:*   Ich bin **bereit,** morgen nach München **zu** fahren.
c) *mit einem Verb:*   Ich **beabsichtige,** morgen nach München **zu** fahren.

Die Modalverben und einige andere Verben verlangen den reinen Infinitiv.
Außerdem ist das zweite Partizip eines Teils dieser Verben dem Infinitiv in
der Form gleich.

Der reine Infinitiv steht nach

a) den **sechs Modalverben: können, sollen, wollen, müssen, dürfen, mögen.**
b) den **folgenden sechs Verben: heißen, helfen, lassen, sehen, hören, fühlen.**
Bei diesen Verben ist das zweite Partizip gleich dem Infinitiv, doch findet
man auch... (*kommen*) *gesehen, gehört, gefühlt.*

c) nach den **folgenden fünf Verben: bleiben, gehen, lehren, lernen, machen.**

Diese Verben bilden das zweite Partizip regelmäßig mit **ge-.**

bleiben, gehen, lernen werden oft mit dem Infinitiv zusammengeschrieben: **sitzenbleiben, stehenbleiben, spazierengehen, kennenlernen.**

Beispiele zu:

a) Ich **muß** das Formular **ausfüllen.**
   Ich **mußte** das Formular **ausfüllen.**
   Ich **habe** das Formular ausfüllen **müssen.**
   Ich **hatte** das Formular ausfüllen **müssen.**
   Ich **werde** das Formular ausfüllen **müssen.**
   Ich **werde** das Formular **haben** ausfüllen **müssen.**

Das Formular **muß** *ausgefüllt werden.* Das Formular **mußte** *ausgefüllt werden.* Das Formular **hat** *ausgefüllt werden* **müssen.** Das Formular **hatte** *ausgefüllt werden* **müssen.** Das Formular **wird** *ausgefüllt werden* **müssen.** (Das Formular **wird haben** *ausgefüllt werden* **müssen.)**	Die Modalverben werden auch im Passiv mit **haben** verbunden. Das Passiv wird nur beim Vollverb ausgedrückt.

b) Der Beamte **hieß** die Leute **warten** (*lit.*) (= forderte sie auf zu warten).
   Der Beamte **ließ** die Leute **warten.**
   Der Beamte **hat** die Leute warten **heißen.**
   Der Beamte **hat** die Leute warten **lassen.**
   Der Beamte **hat** den Leuten das Formular ausfüllen **helfen.**

Nach **heißen, helfen, lehren** (*s.* c) kann der Infinitiv auch mit **zu** angeschlossen werden, wenn er von Ergänzungen begleitet ist:
Der Beamte hat den Leuten geholfen, das Formular in allen Einzelheiten **auszufüllen.**

Ich **habe** es kommen **sehen.** *In einem alten Schlager heißt es jedoch:*
Oh, Donna Clara, ich **hab'** dich tanzen **gesehen.**
Ich **habe** das Gewitter heraufziehen **fühlen** (oder **gefühlt**).

Die Konstruktion ich habe **sie tanzen sehen** *usw.* nennt man auch den **Akkusativ mit Infinitiv** (a.c.i.). Sie ist im Deutschen nur auf einige Fälle beschränkt, im Lateinischen und Englischen dagegen sehr häufig. Es handelt sich um eine Verknotung zweier Sätze, die folgendermaßen aufzulösen ist:

1. Ich habe | sie | gesehen. (sie = *Objekt*)
2. | sie | tanzte.   (sie = *Subjekt*)   = Ich habe sie tanzen sehen.

c) Er **geht** schwimmen.   Er **wird** schwimmen   Er **ist** schwimmen
                                gehen.   **gegangen.**
Wir **gehen** spazieren.   Wir **werden spazieren-**   Wir **sind spazieren-**
                                gehen.   **gegangen.**
Er **lehrt** ihn schreiben.   Er **lehrt** ihn jedes Wort richtig schreiben.
             oder: Er lehrt ihn, jedes Wort richtig **zu** schreiben.

Infinitivsatz anstatt eines daß-Satzes

Der gute deutsche Stil erfordert nach Möglichkeit die Verwendung des (kürzeren) Infinitivsatzes. Die Infinitiv-Konstruktion ist möglich, wenn **das Subjekt oder Objekt des Hauptsatzes gleich dem Subjekt im daß-Satz ist:**

Hauptsatz	*Nebensatz*
S oder O =	S

Ich freue mich, daß ich Sie wiedersehe. Ich freue mich, **Sie wiederzusehen.**
Ich bitte **dich,** daß **du** mir Bescheid sagst. Ich bitte dich, **mir Bescheid zu sagen.**

Aber: **Ich** freue **mich,** daß **du** kommst. (*Nur ein daß-Satz ist möglich*).

Konjunktiv (Möglichkeitsform)

Man unterscheidet zwei einfache Formen, die nach den Gepflogenheiten der heutigen deutschen Grammatiker **Konjunktiv I** und **Konjunktiv II** genannt werden:

Konjunktiv I (*Konjunktiv Präsens*): (daß) er **sei, habe, komme.**
Konjunktiv II (*Konjunktiv Präteritum*): (daß) er **wäre, hätte, käme.**

In den vier zusammengesetzten Formen erscheint entweder **der Konjunktiv I oder II eines Hilfsverbs:**   I: **sei,   habe,   werde;**
                                                II: **wäre,   hätte,   würde.**

Konjunktiv I Vergangenheit (*Perfekt*):		
(daß) er **gewesen sei**	er **gehabt habe**	er **gekommen sei**
Konjunktiv I Zukunft (*Futur*):		
(daß) er **sein werde**	er **haben werde**	er **kommen werde**
Konjunktiv II Gegenwart (*Konditional I*):		
er **würde sein**	er **würde haben**	er **würde kommen**
Konjunktiv II Vergangenheit (*Plusquamperfekt*):		
(wenn) er **gewesen wäre**	er **gehabt hätte**	er **gekommen wäre**
Konjunktiv II Vergangenheit (*Konditional II*):		
er **würde gewesen sein**	**würde gehabt haben**	**würde gekommen sein**

Gebrauch von Konjunktiv I und II

Konjunktiv II wird gebraucht:

a) in Wunschsätzen: **Käme er doch!**   **Wäret** ihr **doch gekommen!**

b) in vorsichtigen Aussagen; in zurückhaltenden Aussagen (*meist in der ersten Person*) im Sinn der Gegenwart:
Das **wäre** vielleicht ganz praktisch!   Das **könnte** man empfehlen.
Das **dürfte** nicht stimmen.   Da **wären** wir endlich.

c) in besonders höflichen Aussagen oder Fragen:
(Am Telefon) Ich **hätte** gern Herrn Müller **gesprochen. Könnte** ich Herrn Müller sprechen?
Ich **möchte...**

d) in Bedingungssätzen der Unwirklichkeit:

Gegenwart:

Wenn er **käme,**	**gäbe** ich ihm das Buch.
	freute ich mich.
	würde ich mich freuen.
	(**würde** ich ihm das Buch geben).

Vergangenheit:

Wenn er gekommen **wäre,**	**hätte** ich ihm das Buch gegeben.
	hätte ich mich gefreut.

Da der Konjunktiv aller schwachen Verben gleich dem Präteritum Indikativ ist, wird er gewöhnlich durch den **Konditional I** ersetzt. Dasselbe gilt in der Umgangssprache für die meisten starken Verben, in der Schriftsprache nur für eine beschränkte Zahl starker Verben. Formen wie *flöhe*, *flöge* usw. sind heute wenig gebräuchlich. Dagegen wird z. B. von **wissen** auch in der Umgangssprache nur der Konjunktiv II gebraucht:

Wenn ich wüßte... (*nicht:* wenn ich wissen würde).

Wenn er **käme, würde** ich mich freuen, ... **würde** ich ihm das Buch geben.

selten: Wenn sie *flöhen*, *gefährdeten* sie ihr Leben.

meistens: Wenn sie **fliehen würden, würden** sie ihr Leben **gefährden.**

Bei einem Satzgefüge der Vergangenheit steht sowohl im wenn-Satz als auch im Hauptsatz der Konjunktiv II von *haben* (**hätte**) oder *sein* (**wäre**). In **Passivsätzen** erscheint ... **wäre** (*Vergangenheit*) oder ... **würde** (*Gegenwart*):

Wenn die Feuerwehr rechtzeitig alarmiert worden **wäre, wäre** der Brand gelöscht worden. Wenn der Kranke geheilt **würde, würde** der Arzt gelobt.

Der Konjunktiv I

a) bringt einen *Wunsch* oder *eine Aufforderung* zum Ausdruck.

b) dient der *Kennzeichnung der indirekten Rede*.

zu a) Er **lebe** hoch! Er **möge** kommen! Auf Folgendes **sei** hingewiesen. (In Kochrezepten:) Man **nehme**...

zu b) Der Konjunktiv der indirekten Rede ist eine Form, die von einem Verb des Sagens, Mitteilens **bedingt** ist. Dieses Hauptverb kann sogar fehlen; es genügt der Konjunktiv I zur Andeutung der Mitteilung:

> Sie sagte, er **sei** verreist. (Und sie sagte):
> Sie **wisse** nicht, wann er **wiederkomme**.

In der heutigen Nachrichtensprache wird diese Regel nicht mehr beachtet, und man verknüpft – wie in andern Sprachen, aus denen man übersetzt – mit einem Konjunktiv den Gedanken der Unsicherheit oder Ungewißheit, was dem Sprachgeist des Deutschen widerspricht.

Auch gibt es im Deutschen **keine Zeitenfolge. Die Zeit im Hauptsatz ist ohne Einfluß auf die Zeit im Nebensatz.**

	Der Nebensatz kennt nur drei Zeiten
Es wird mitgeteilt,	*Zukunft:* daß der Präsident selbst an der Konferenz teilnehmen **werde**.
Es wurde mitgeteilt,	*Gegenwart:* daß der Präsident selbst an der Konferenz **teilnehme**.
Es ist mitgeteilt worden,	*Vergangenheit:* daß der Präsident selbst an der Konferenz **teilgenommen habe**.

Merke: ...**werde, teilnehme, teilgenommen habe** immer Konjunktiv I!

Die Indikativformen *teilnehmen wird, teilnimmt, teilgenommen hat* sind selbst dann falsch, wenn es für den Sprecher gewiß ist. Der Indikativ kann nur nach einem wie-Satz stehen:

> **Wie mitgeteilt wird, wird** der Präsident... teilnehmen.

Die Konjunktivformen in der indirekten Rede

Ist der Konjunktiv I gleich der Indikativform Präsens, wählt man eine entsprechende Form des Präteritums (Konjunktiv II), obwohl diese bei schwachen Verben auch gleich dem Präteritum Indikativ ist:

> Sie sagt, daß ich Frau Moll nicht gegrüßt **hätte**.
> Sie sagt, daß ihr Kind lieber spiele als lerne.
> Sie sagt, daß ihre Kinder lieber spielten als lernten.

(Hier ist *spielten* und *lernten* nicht Ausdruck des Präteritums Indikativ, sondern des Konjunktivs).

In der indirekten Rede ergeben sich für *haben, werden* und *die schwachen Verben* folgende Formen:

ich	**hätte**	**würde**	spielte
du	habest	werdest	spielest
er	habe	werde	spiele
wir	**hätten**	**würden**	spielten
ihr	habet	würdet	spielet
sie	**hätten**	**würden**	spielten

> Merke für die häufige 3. Person:
> **Konj. I im Sing.!**
> **Konj. II im Plur.!**

Nach *ich* und *wir* wird heute meist der Indikativ, nach *ich glaubte, ich dachte* der Konjunktiv II gebraucht:

Ich sagte, daß er unrecht **hat**.
Ich dachte, daß er unrecht **hätte**.

Beziehungsmittel

Die Beziehungen zwischen Wörtern, Wortgruppen und Sätzen werden im Deutschen durch die **Fälle (Kasus), Artikel, Präpositionen, Verbendungen, Konjunktionen** und die Ordnung der Wörter und Satzglieder zueinander **(Wortstellung)** geregelt.

Sie (*Nom.*) gab ihm (*Dat.*) das (*Akk.*) Buch ihrer (*Gen.*) Schwester.
Bei Sonnenschein (**Wenn** die Sonne scheint,) gehen sie spazieren.
Die Hilfe **für** die **an** Gütern Armen scheiterte **an dem** Mangel **an** Geld.

Die Beziehungsmittel, die von einem bestimmten Wort (Verb, Substantiv oder Adjektiv) gefordert werden, nennt man auch die **Rektion**. Die Rektion ist oft von dem Sinn des Wortes abhängig und muß deshalb im Zusammenhang mit dem Wort (lexikalisch) gelernt werden, z. B.

Hilfe **für** (*Akk.*), arm **an** (*Dat.*), scheitern **an** (*Dat.*), Mangel **an** (*Dat.*).

Bezeichnung und Stellung der Satzglieder

Nach ihrer Funktion im Satz werden Wörter und Wortgruppen unterschieden in: **Prädikat** (einfach und mehrteilig). Es enthält immer ein finites Verb. Es kann rein verbal sein (*gab*) oder aus einem Satzband (Kopula: *sein, werden* usw.) und dem Prädikativum bestehen.

Verbal	*Kopula*	*Prädikativum*	*zweiteiliges Prädikat*
Er **unterrichtet.**	Er **ist**	**Lehrer.**	Er **muß verreisen.**

Das Prädikativum ist hier ein Substantiv im Nominativ, ein sogenannter Gleichsetzungsnominativ.

Subjekt: Der Dozent (er) unterrichtet.   (*Wer?*)

Objekt: (Ergänzung) im Akkusativ, Dativ, Genitiv, mit Präposition:
Der Dozent (er) erklärt **dem Studenten die Regel.**   (*Wem, was?*)

Adverbiale Bestimmungen (*Ortsangaben, Zeitangaben usw.*)*:* der Zeit, des Ortes, der Art und Weise, des Grundes.
Der Dozent erklärt dem Studenten **heute an der Tafel** die Regel.

(Wo, wann?)

Der Dozent erklärt dem Studenten heute **ausführlich wegen der aufgetretenen Schwierigkeiten** an der Tafel die Regel. *(Wie, warum?)*

Attribute (hier: *aufgetretenen*) gehören zu einem Wort und bilden mit diesem ein Satzglied: *wegen der* **aufgetretenen** *Schwierigkeiten.*

Ein betontes Dativobjekt steht nach dem Akkusativobjekt:
Er erklärt die Regel **dem Studenten.**

Ist das Akkusativobjekt ein Pronomen, so steht es immer vor dem Dativobjekt:

Er erklärt dem Studenten **die Regel.**
Er erklärt **sie** dem Studenten. Er erklärt **sie** [heute an der Tafel...] **dem Studenten.**

Aber: Er erklärt **sie ihm** heute an der Tafel ausführlich...

Als Normalstellung der Satzglieder im Hauptsatz merke man sich die Formel:

wer	Verb mit Personal- endung	wem	wann	wie	warum	wo	was.
Subjekt	Prädikat	Dativ- objekt	Zeit- angabe	Angabe der Art und Weise	Angabe des Grundes	Orts- angabe	Akkusa- tivobjekt

Hat das Verb nur ein Akkusativobjekt bei sich, steht es meist direkt hinter dem Verb:

Er **traf Frau Moll** gestern zufällig im Theater.

Bei einer **Frage,** einem **Befehl** oder einem **Wunsch** steht das finite Verb an erster Stelle:

Frage:	Erklärt	er (denn) dem Studenten die Regel?	*Antwort*
			Ja. Nein.
	Erklärt	er dem Studenten **nicht** die Regel?	*Erwartete Ant-*
			wort
			(Ja), Doch.
Befehl:	Erkläre	(Erklären Sie) dem Studenten die Regel!	
Wunsch:	Erklärte	er dem Studenten **doch** die Regel!	
	Würde	er dem Studenten **doch** die Regel erklären!	

Satzglieder, die man hervorheben will, rücken im Aussagesatz oft an die erste Stelle. Das finite Verb bleibt an der zweiten Stelle:

wie?	**Ausführlich** erklärt der Dozent dem Studenten die Regel.
wann?	**Heute** erklärt der Dozent dem Studenten die Regel.
warum?	**Wegen der aufgetretenen Schwierigkeiten** erklärt der Dozent dem Studenten die Regel.

An letzter Stelle stehen folgende Wortbestandteile oder Satzglieder:

1) **trennbare Präfixe**
   Der Dozent drückte sich klar **aus**. (**aus**drücken)

2) **Verbzusätze**
   Der Dozent setzte dem Studenten... die Regel **auseinander**. (**auseinander**setzen)

3) **Prädikatsergänzungen (Prädikative)**
   Er **ist** schon seit langer Zeit **Lehrer**. (**Lehrer** sein)
   Der Student **ist** nach dem langen Gespräch mit dem Dozenten **müde**. (**müde** sein)

4) **Präpositionalobjekte**
   Der Student **fragte** den Dozenten gestern vor dem Hörsaal **nach der Nützlichkeit der Regel**. (**nach der Nützlichkeit** fragen)
   (... der Regel *ist hier Attribut zu Nützlichkeit*)

Hauptsatz mit mehrteiligem Prädikat

Aktiv	**Passiv**
a) *Hilfsverb + Vollverb*	
Perfekt	
Er hat... die Regel erklärt.	Die Regel ist... erklärt worden.
Plusquamperfekt	
Er hatte... die Regel erklärt.	Die Regel war... erklärt worden.
Futur I	
Er wird... die Regel erklären.	Die Regel wird... erklärt werden.
Futur II	
Er wird... die Regel erklärt haben.	Die Regel wird... erklärt worden sein.
b) *Modalverb + Vollverb*	
Präsens	
Er muß... die Regel erklären.	Die Regel muß... erklärt werden.
Präteritum	
Er mußte... die Regel erklären.	Die Regel mußte... erklärt werden.

Perfekt

Er hat... die Regel erklären müssen.

Die Regel hat... erklärt werden müssen.

Plusquamperfekt

Er hatte... die Regel erklären müssen.

Die Regel hatte... erklärt werden müssen.

Futur I

Er wird... die Regel erklären müssen.

Die Regel wird... erklärt werden müssen.

Futur II

Er wird... die Regel haben erklären müssen.

(nicht gebräuchlich)

Stellung der Satzglieder im Nebensatz

Im Nebensatz bildet das finite Verb im allgemeinen den Abschluß des Satzes. Besteht das Prädikat jedoch aus drei Teilen – Vollverb, Hilfsverb, Modalverb –, tritt das Hilfsverb vor das Vollverb. Die Stellung der übrigen Satzglieder folgt der im Hauptsatz.

Aktiv

Ich hörte, **daß** der Dozent dem Studenten ausführlich wegen der aufgetauchten Schwierigkeiten an der Tafel

> die Regel **erklärt [erklärte]**.
> die Regel **erklärt hat [hatte]**.
> die Regel **erklären wird**.

mit Modalverb:

Ich hörte, daß er dem Studenten die Regel

> erklären will.
> erklären wollte.
> **hat** erklären **wollen**.
> **hatte** erklären **wollen**.
> **wird** erklären **wollen**.

Passiv

Ich weiß, daß die Regel

> erklärt **wird**.
> erklärt **wurde**.
> erklärt worden **ist**.
>
> erklärt worden **war**.
>
> erklärt werden **wird**.

> – erklärt werden **muß**.
> – erklärt werden **mußte**.
> – **hat** erklärt werden müssen.
> – **hatte** erklärt werden müssen.
> – **wird** erklärt werden müssen.

steht der Nebensatz vor dem Hauptsatz, **stößt Verb auf Verb**:
Nachdem der Dozent die Regel erklärt **hat, gibt** er weitere Beispiele.

Stellung des Reflexivpronomens

Es steht – **im Hauptsatz** in der Nähe des finiten Verbs:
Er **drückt sich** klar und verständlich aus.
Er **kann sich** klar und verständlich ausdrücken.

– **im Nebensatz** beim Subjekt:
Ich bin überzeugt, daß **er sich** klar ausdrücken kann.

Stellung von *nicht*

Die Verneinung kann a) den gesamten Satz betreffen (Verneinung des Verbs) oder b) sich nur auf ein bestimmtes Satzglied beziehen.

a) Bei einteiligem Prädikat steht **nicht** am Satzende:
Er **unterrichtet** (unterrichtete) **nicht**.
Er **erklärte** dem Studenten heute die Regel **nicht**.

– bei mehrteiligem Prädikat steht **nicht** vor dem Vollverb oder dem Prädikativum:

Er hat noch **nicht unterrichtet**.
Er hat dem Studenten die Regel noch **nicht erklärt**.
Er hat die Regel leider **nicht erklären können**.
Der Student ist nach dem langen Gespräch... **nicht müde**.
Hier darf heute **nicht geraucht werden**.

b) **nicht** steht unmittelbar vor einem Satzglied, das betont werden soll.
Er unterrichtet **nicht kleine 'Kinder,** sondern Studenten.
Er kann **nicht 'jeden Tag,** sondern nur einmal in der Woche unterrichten.
Nicht von dem Dozenten sprach ich. Ich sprach von seiner Frau.
Nicht nur heute, sondern schon immer war er so frech.

Man beachte den Unterschied:

Alle Regeln stimmen **nicht**.	**Nicht alle** Regeln stimmen.
(Bedeutet meist: *alle Regeln sind*	(= *die meisten sind richtig*).
falsch).	

Betontes Subjekt oder Objekt werden oft durch **kein(e)** verneint:
Hier wird **kein Gemüse** verkauft.
Vergleiche: Hier wird Gemüse nicht verkauft.

(In diesem Satz wird *verkauft* zu stark betont, was nicht logisch ist).

Sachregister

Ablaut 45
Ablautgruppen 45
absoluter Komparativ des
 Adjektivs 21
absoluter Superlativ des
 Adjektivs *(Elativ)* 21
absoluter Superlativ des
 Adverbs *(Elativ)* 25
Adjektiv 16; Deklinations-
 typen 18; Endungen 17;
 Steigerung 21; Stellung
 16; substantiviertes A. 20,
 41; Unregelmäßigkeiten
 22; Veränderung 17
Adverb 23; absoluter Su-
 perlativ *(Elativ)* 25; Arten
 und Formen 23; Ge-
 brauch 24; Steigerung 24
adverbiale Bestimmung
 (Umstandsbestimmung)
 24, 74
Akkusativ *(Wenfall)* 13–
 15; Akkusativ mit Infini-
 tiv (a.c.i.) 69
Akkusativobjekt 28, 38,73,
 74
Aktionsart 56
Aktiv 46
allgemeines Relativprono-
 men „was" 36, 37
„als" nach dem Komparativ
 23
Angabe der Zeit, des Ortes,
 der Art und Weise, des
 Grundes 74
Anrede 26
Artikel 5–7, 13; bestimm-
 ter A. 6, 33; unbestimm-
 ter A. 6; Gebrauch 6, 16;
 bei Personennamen 7
Artikelzeichen 5, 13; beim
 Adjektiv 17
Aspekte und Aktionsarten
 56, 57
Attribut 7, 24, 68, 74;
 Genitivattribut 6

Bedingungssatz der Un-
 wirklichkeit 71
Befehlsform s. Imperativ
Beifügung s. Attribut
Berufsbezeichnungen 7
Beugung s. Deklination,
 Konjugation
Beziehungsmittel 73
Bindewörter 65–67
Bruchzahlen 44

da(r) + Präposition 26
daß-Satz 67, 70
Dativ *(Wemfall)* 13–15
Dativobjekt 38, 73, 74
Datum 43
Deklination des Adjektivs
 18–20; des Demonstra-
 tivpronomens 33, 34; der
 Eigennamen 16; der
 Grundzahlen 42, 43; des
 Possessivpronomens
 30–32; des Reflexivpro-
 nomens 38; des Relativ-
 pronomens 35, 36; der
 Substantive 13–15
Demonstrativadverb 38
Demonstrativpronomen
 33–35
deren 30, 33–35
derer 33, 34
dessen 25, 27, 30, 33–35
Distributivzahlen 43
durativ 56

Eigennamen, Deklination
 16; Pluralendung -s 13
Eigenschaftswort s. Adjek-
 tiv
Einzahl 5
Elativ 21, 25
es *(Personalpronomen u.
 andere Funktionen)* 28, 29

Fall s. Kasus
Femininum 5, 9, 12, 14
finites Verb 44, 65, 73–76

Fragesätze 74; indirekte F.
 67
Fürwort s. Pronomen
Futur I 46
Futur II 46

Gattungszahlen 44
Gebrauch des Artikels 6;
 des Infinitivs 68–70
gemischte Verben 45, 58
Genitiv *(Wesfall)* 7, 13–16
Genitivattribut 6
Genitivformen des Perso-
 nalpronomens 27
Genus 5; Regeln 7–10;
 Merkmale 5
Gerundivum 44
Geschlecht s. Genus; Re-
 geln für das Genus der
 Hauptwörter 7–10
Gleichsetzungsnominativ
 73
Grundzahlen 42, 43
Gruppierungszahlen 44

Handlungsarten 56
Hauptsatz 38, 65, 70–72,
 74, 76, 77; mit mehrteili-
 gem Prädikat 75
Hauptwort s. Substantiv
Hilfsverben 45, 51, 70, 75,
 76

ihrer 26, 27
Imperativ 46; Aktiv 47;
 Passiv 50
imperativisch gebrauchte
 Verbformen 54
Imperfekt s. Präteritum
imperfektiv 56
Indefinitpronomen 37, 40
Indikativ 46; Aktiv 46;
 Passiv 49
Indirekte Fragesätze 67
Indirekte Rede 72, 73
infinites Verb 44